*SeARCH*SeARCH

4

5

'*I have learned that a good society is one that
reproaches itself that it isn't good enough.
And a bad society is one that believes it
cannot be improved…..*'

'*I am not a pessimist, but I'm also no
optimist. I believe that a better world is
possible. Let's just do our best.*'

Zygmunt Bauman[1]

*"He aprendido que una buena sociedad es
la que se reprocha no ser lo bastante buena.
Y una mala sociedad es aquella que cree
que no puede mejorar…"*

*"No soy pesimista, pero tampoco soy
optimista. Creo que un mundo mejor es
posible. Hagamos lo que podamos para
que así sea."*

Zygmunt Bauman[1]

Between naiveté
and idealism

SeARCH 2002-2005

In this publication we present the fruit of three years of SeARCH's labour. Several projects were realised while Bjarne Mastenbroek and many SeARCH employees were still at de architectengroep; the pavilion on the Posbank (see High Tea) was completed just before SeARCH was established but Christian Richter's photographs were too impressive to be excluded; the Dutch embassy in Addis Ababa (see Hide & Seek) was designed in collaboration with Dick van Gameren and has since been opened; the residential development in Leidschenveen (see Array & Clear) remained with de architectengroep as the construction phase and other related activities were well in advance.
At the moment, SeARCH has an unprecedented number of buildings under construction. The sudden stuttering of the economy after 2001 resulted in the delay and reappraisal of many projects and it is these works that will simultaneously be completed at the end of 2006 and the start of the following year.

The Changing Assignment

In the past two years, SeARCH has been critically outspoken in the Dutch media, regarding policy decisions made in the Netherlands in the areas of spatial planning, urban development and housing. We are concerned that the government increasingly delegates decisions in these fields to lower, more local authorities. If we continue to develop the open landscape with housing and industrial estates, we will reach a nightmare scenario within 25 years.
While, from abroad, we are often still regarded as the 'Dutch Wonder', we ourselves are increasingly unconvinced. And we are not alone: Renault's visiting design division recently expressed their disappointment in the much lauded creations of 'Droog Design' and even Aaron Betsky, the notoriously positive director of the NAi, has become increasingly critical in his outlook. It is amazing how quickly the tide can turn. In hindsight, was the hype surrounding 'Design Netherlands' little more than an alluring smokescreen behind which the limitations of the profession were concealed?
While the collaboration with clients was previously courteous and successful, are we now seeing a sea change in this peaceful coexistence? We are repeatedly admonished that we must build bigger, cheaper and more efficiently, but are we not already the champions of Europe when it comes to efficient construction? While the relationship with developers wasn't always positive and enduring, there was, at least, a common underlying vision: the quick reduction of the postwar housing shortage. To be now informed that we must solve this problem immediately is a little disingenuous. If that truly had been the objective, it would have easily been dealt with years ago. Paradoxically, the housing shortage has become more acute as there are now fewer occupants per dwelling and those occupants demand more floor space. What *has* changed is the nature of the problem. Where previously it was a serious question of health risks and a critical paucity in comfort, it has now become a demographic issue with little freedom of choice. Residents have transformed into 'home-consumers' and the house has mutated into the 'home-product'. A liberating thought.
In several urban renewal projects on which SeARCH has worked in recent years, we have been surprised by how negatively the existing situations were perceived. In many cases, we encountered wonderful, leafy neighbourhoods of, admittedly, small and repetitive dwellings. These were to be replaced with larger units of greater diversity. The size, however, invariably diminished in proportion to the economy's strength, and the increase in typologies was restricted by the necessary cost increases and the estate agent's pleas for more of the most popular selling house type.

Entre la ingenuidad
y el idealismo

SeARCH 2002-2005

En esta publicación presentamos los frutos de tres años de trabajo de SeARCH. Algunos de estos proyectos se realizaron cuando Bjarne Mastenbroek y muchos otros miembros de SeARCH estaban aún en de architectengroep. El pabellón del Posbank (véase HighTea) se completó justo antes de que SeARCH se estableciera, pero las fotografías de Christian Richter eran demasiado impresionantes para excluirlas. La Embajada de Holanda en Addis Abeba (véase Hide & Seek) fue proyectada en colaboración con Dick van Gameren y ya se ha inaugurado. Un complejo residencial en Leidscheveen (véase Array & Clear) quedó en manos de de architectengroep cuando la fase de construcción y las actividades relacionadas estaban mucho más avanzadas.
De momento, SeARCH tiene un número incomparable de edificios en construcción. La repentina crisis económica que se produjo a partir de 2001 ha provocado la demora y el replanteamiento de muchos proyectos. Estas son las obras que se completarán simultáneamente entre finales de 2006 y principios del año siguiente.

Un objetivo cambiante

En los últimos dos años, SeARCH ha recibido ciertas críticas en los medios de comunicación holandeses por las opciones realizadas en los Países Bajos en el área de planificación, urbanismo y vivienda. Si continuamos poblando a ritmo acelerado los espacios abiertos con viviendas y locales industriales, en 25 años alcanzaremos un escenario de pesadilla.
Si desde el extranjero aún se nos ve como "la maravilla holandesa", nosotros nos mostramos cada vez más escépticos frente a esta opinión. Y en ésto no estamos sólos. Los miembros invitados de la división de diseño de Renault expresaron su decepción por las elogiadas creaciones de "Dry Design". Incluso una figura tan ostensiblemente positiva como Aaron Betsky, director del NAI, ha adoptado una actitud progresivamente crítica. Es sorprendente la velocidad con que puede cambiar la marea. Retrospectivamente, ¿acaso todo el bombo que rodeaba "Design Netherlands" era poco más que una atractiva cortina de humo que ocultaba las limitaciones de la profesión?
Si antes la colaboración con los clientes era cortés, fluida y eficaz, ¿estamos presenciando un cambio de atmósfera en esta coexistencia pacífica? Ahora nos advierten constantemente que tenemos que construir con mayor volumen, menor coste y mayor eficacia, ¿pero no somos los campeones de Europa en construcción eficiente? La relación con los constructores no siempre ha sido positiva y duradera, pero al menos ha habido una visión común subyacente: la rápida reducción de la escasez de vivienda de la posguerra. Tomar conciencia ahora de que hay que resolver este problema inmediatamente presupone cierta insinceridad. Si ese hubiera sido realmente el objetivo, habría sido más fácil abordarlo años atrás. Paradójicamente, la escasez de vivienda se ha agudizado, ya que hay menos habitantes en cada casa y esos ocupantes demandan más superficie. Lo que ha cambiado es el ADN del problema. Donde antes había un problema grave de riesgos para la salud y una penuria crítica en el confort, en la actualidad, ha pasado a ser un problema demográfico, con una falta de libertad de opciones. Los residentes se han transformado en "consumidores de hogar" y la casa ha mutado en el "producto hogar". Un pensamiento liberador.
En diversos proyectos de renovación urbanística en los que SeARCH ha trabajado en los últimos años, nos ha sorprendido la abierta negatividad expresada en este dilema actual. En muchos casos, nuestros encargos afectaban a barrios maravillosos, frondosos, si bien con viviendas pequeñas y excesivamente uniformes. Se trataba de sustituir esas viviendas por unidades de mayores dimensiones, incrementando el grado de diversidad. Sin embargo, las dimensiones disminuían invariablemente en proporción

Furthermore, the parking problem was hardly ever solved satis-factorily as the high parking indices rarely balanced with the modest budgets for garage construction. What we considered to be the positive attributes of the existing neighbourhood invariably becomes the first victims of its redevelopment.

Is the Netherlands full?

The Dutch perceive their country to be full, over full. It is food for thought that there is a waiting time for practically everything in this country. It begins at birth where advance notice is often necessary to secure a place in a crèche. This continues with primary and secondary schools, swimming lessons and third level education. Similarly, parking permits, the dentist, the hospital, home help and the nursing home all have waiting lists. We wait daily in traffic and the waiting list for a suitable rent controlled council house in the large cities has increased to more than eight years.

This 'problem' can be approached in two ways: quantitatively or qualitatively. The total population, the available space, car use and developments in agriculture and industry are established factors and must be accepted. While their future development can be accurately predicted, it is nigh impossible to influence. Our conclusion is, therefore, that we can only tackle the issue in one way: qualitatively.

For this, we must search for alternative solutions that alter or dispel the perception that the country is full. This can be achieved by planning our country differently, by condensing some activities and giving others more space. We must also ask serious questions of ourselves. Do we place individual choice for a detached home above the collective good when there are already more than 200 km traffic jams each morning? If yes, will we then realise how this directly impairs our ability to satisfy European Union air quality standards? And, if we are to comply with these regulations, that development along transport arteries in the city will, in the future, no longer be permitted. Contrary to what many believe, the Netherlands has not been urbanised, it has been 'villagised'. Huge space has been consumed by low density housing.

It is our firm belief that improvement is possible even with higher housing densities. We must realise that we simply do not have sufficient space to further encroach on the countryside. To sacri-fice the open landscape to development will only increase the already chronic levels of traffic, polluting the environment even more. Further urban expansion will strengthen the impression that the country is (over) full, and so a vicious circle is created, a circle from which we must escape. The inference is that we must change a whole series of decision making processes. Yet, none of the parties involved is inclined to make the first move. The developers, the landowners, the investors and the legislators are all components of a precarious construct and are loath to instigate change in the status quo.

The Power of Numbers

Do we want instant success, direct gratification, or do we strive for a more permanent solution? It appears that the forces that influence and impact on public space are no longer within our control. For instance, is it not truly bizarre that we have no idea how to deal with cars; that we want to rid them from our towns and cities, while the functioning of society depends largely upon them? This also applies to advertising, security, infrastructure, storage and industrial activity where we often just turn a blind eye.

An important explanation for this predicament is illustrated by *Powers of Ten*[2], the magical and educational film by Charles and Ray Eames. In this film, the camera focuses on areas considered more important to contemporary society than the built environ-ment. From the opening scene of a couple picnicking in a park, the lens zooms out in increments of a factor of ten, to beyond the scale of the earth and the solar system (10^{25} m). It then returns in the opposite direction zooming in to the scale of the human cell,

al poder económico, y el incremento de las tipologías sufría la presión de los necesarios incrementos de costes y la demanda de los agentes inmobiliarios de más viviendas del tipo más popular a la hora de vender. Además, el problema de aparcamiento rara vez se resolvía satisfactoriamente, ya que los mayores índices de aparcamiento se equilibran mal con los presupuestos modestos en la construcción de garajes. La calidad existente en el barrio se convertía invariablemente en la primera víctima de la reurbani-zación.

¿Está Holanda excesivamente construido?

Los holandeses perciben su país como lleno, excesivamente cons-truido. Hay que pensar que prácticamente todo en esta sociedad exige un tiempo de espera. Empieza con el nacimiento, pues la solicitud previa suele ser necesaria para garantizar al bebé una plaza en la guardería. Luego continúa en la enseñanza primaria y secundaria, las clases de natación y la educación superior. De un modo similar, los aparcamientos reservados, el dentista, el hospital, el servicio doméstico y la residencia de ancianos tienen sus listas de espera. Esperamos a diario en los atascos de tráfico y la lista de espera para conseguir una vivienda municipal de renta limitada y adecuada a nuestras necesidades en las grandes ciuda-des ha aumentado a más de ocho años.

Podemos abordar este "problema" de dos formas: cuantitativa o cualitativamente. La población total, el espacio necesario, el uso del automóvil y el desarrollo en la agricultura y la industria son imponderables y deben aceptarse como tales. Si bien su evolución futura puede predecirse con bastante precisión, es casi imposible influir en ella. Por consiguiente, nuestra conclusión es que sólo podemos abordar el tema de un modo: cualitativamente.

Para ello, tenemos que buscar soluciones alternativas que alteren o disipen esta percepción. Esto puede lograrse planificando nues-tro país de otro modo, condensando ciertas actividades y dando más espacio a otras. Tenemos que plantearnos algunas preguntas importantes. ¿Anteponemos la opción individual de un hogar aleja-do del ruido y la contaminación al bien colectivo, cuando todas las mañanas hay más de 200km de atasco? Si es así, ¿descubriremos poco a poco que esto afecta directamente a nuestra capacidad de satisfacer los estándares de calidad del aire de la Unión Europea? Si tenemos que cumplir con esos criterios normativos, en el futuro, no se permitirá ese tránsito por las arterias de transporte de la ciudad.

Tenemos que comprender que simplemente no disponemos de espacio suficiente para seguir invadiendo el terreno. Sacrificar el paisaje natural a este objetivo sólo contribuirá a incrementar los niveles de tráfico, contaminando aún más las abarrotadas vías. Una mayor expansión urbana sólo reforzará la impresión de que el país está (excesivamente) lleno, y se creará un círculo vicioso, un círculo que deberíamos romper. La conclusión es que debemos cambiar toda una cadena de procesos de toma de decisiones. Y sin embargo, es previsible que ninguna de las partes involu-cradas se incline a dar el primer paso. Promotores, propietarios, inversores y gobernantes son componentes de una construcción precaria pero se resisten a ser los primeros en instigar un cambio en el statu quo.

El poder de los números

¿Necesitamos obtener un éxito instantáneo – una gratificación directa – o nos interesa más lograr una solución permanente? Parece que las fuerzas que influyen e impactan en el espacio público ya no están bajo nuestro control. ¿Acaso no es realmente extraño que no tengamos ni idea de cómo abordar el problema de los coches; que queramos eliminar ese estorbo de nuestras pobla-ciones y ciudades, mientras que el funcionamiento de la sociedad depende en gran medida de ellos? Lo mismo puede aplicarse a la publicidad, la seguridad, las infraestructuras, el almacenamiento y la actividad industrial, problemas ante los cuales muchas veces hemos querido cerrar los ojos.

DNA and the atomic structure (10^{-18} m). What is remarkable in this process is that the area involving the realms of architecture and urbanism is limited to between the scales of 10^{-2} m (centimetre) and 10^3 m (kilometre).

And this spectrum is shrinking still further as areas within our control are being surrendered. On a regional scale (10^3 m), the government makes fewer integrated planning decisions involving the Dutch landscape as a whole. It is not considered to be worth the effort, it is too complicated or it simply flies in the face of market forces. Closer to hand (10^{-2} m), more and more architectural offices farm out the detailing phase of a project. Attention to detailing seems no longer to be considered important in this country (not sexy enough, perhaps).

Powers of Ten illustrates that the bigger questions, the real issues, are beyond our narrow frame of vision. The worldwide ramifications of human behaviour are slowly becoming apparent. We are conscious of the effects of environmental destruction, fuel and water shortages and terrorism (10^7 m). At the other extent, we are increasingly aware of DNA structure and the genetic make-up of the human body (10^{-7} m). We consider bacterial and viral epidemics such as bird-flu, Sars and Aids as the greatest threats to our future. At both ends of the spectrum, the threats that affect society are at a scale far beyond architecture. In this context, and with due deference, we as architects must ask what is the core of the architectural task. Is it the ordering of untidiness, the prettifying of the ugly or the creation of the required floor areas? Or can we still do our bit to improve humankind's existence and quality of life for ours and future generations?

The Power of Money

Architecture and urban planning are far from autonomous. They are predominantly dependent on political and economic decisions and are inextricably entwined with them. They are also primarily the result of collective decision-making, completely embedded in a societal context. We must therefore realise that we should carefully consider what it is we hope to achieve before we start to design.

Over the last decades, architecture in the Western world has lost much of its meaning and significance. In America especially, the proportion of building 'production' that is of real value is dismally low. Ground Zero illustrates how money is all powerful. It is noteworthy, on the site of one of the most important events in world history, that 'the idea' is so subservient to 'the money.' This is ironic, considering that reconstruction work will cost less than one billion dollars while the catalytic wars in Iraq and Afghanistan have now consumed more than 450 times that amount. This might be expected anywhere but at this symbolic location. As one of the most prosperous nations in the world we cannot hide behind the excuse that there is no money available. We should instead ask ourselves how we can use this money strategically and to the best possible effect.

But, architects should also not hide behind the common mantra 'no good architecture without a good client' (although it is indisputable that 95% of a commission's variables are fixed before the architect even commences work). Architects work within a collectively constructed framework requiring merely the completion of their portion. It's not about making an architectural masterpiece of every housing block or factory building. This aesthetic view would be extremely tiring. It concerns more the fact that architects and urban planners all too often fail to ask if they desire or are willing to work within this framework with its inherent economic constraints. They do not ask it of themselves, of the politicians or of society as a whole.

The Power of the Law

Must we construct profiled metal boxes around our cities and along our highways like funeral wreaths? Can infrastructure and industry not develop without impinging destructively on nature?

Una importante explicación para este impasse se ilustra en *Powers of Ten²* (Potencias de diez), el mágico y educativo filme de Charles y Ray Eames. En dicha película, la cámara enfoca áreas consideradas más importantes para la sociedad contemporánea que el entorno construido.

Desde la primera escena de una pareja de picnic en un parque, el objetivo va aumentando en incrementos de 10 en 10, más allá de la escala de la Tierra y del sistema solar (10^{25}). Luego vuelve en la dirección opuesta y desciende a la escala de la célula humana, el ADN y la estructura atómica (10^{-18} m). En este proceso, lo interesante es que el área que afecta a los ámbitos de la arquitectura y el urbanismo queda limitada entre las escalas de 10^{-2} m (centímetros) y 10^3 m (kilómetros).

Y este espectro se reduce aún más. A escala regional (10^3 m), el gobierno toma menos decisiones de planificación integrada, que consideran el paisaje holandés en conjunto. Se considera que no vale la pena el esfuerzo, es demasiado complicado, o simplemente, los políticos se ven superados por las fuerzas que operan en el mercado. A una escala más próxima (10^{-2} m), cada vez más estudios de arquitectura encargan a terceros la fase más detallada de sus proyectos. La atención al detalle ya no parece considerarse importante en este país (tal vez no es lo bastante atractiva).

En la escala de *Powers of Ten*, las grandes cuestiones, los temas reales, están separados de nuestro estrecho marco de visión. Poco a poco, los efectos globales de la conducta humana se van haciendo visibles. Somos conscientes de los efectos de la destrucción ambiental, la escasez de combustible, la escasez de agua y el terrorismo (10^7 m). En el otro extremo del espectro de los Powers of Ten, cada vez somos más conscientes de la estructura del ADN y el mapa genético del cuerpo humano (10^{-7} m). Consideramos las epidemias bacterianas y virales como la gripe aviar, el SARS y el SIDA como las mayores amenazas para el futuro. En ambos extremos del espectro, esas amenazas que afectan a la sociedad se hallan en una escala que va mucho más allá de la arquitectura. En ese contexto, y con la debida deferencia, nosotros, como arquitectos, debemos preguntarnos cuál es el núcleo de la tarea arquitectónica. ¿Se trata de ordenar el caos, de embellecer lo feo o de la creación del suelo construido que se demanda? ¿Podemos aportar aún nuestro granito de arena para mejorar el disfrute de la especie humana y la calidad de vida para nosotros y para las generaciones futuras?

El poder del dinero

La planificación arquitectónica y urbanística está lejos de ser autónoma. De hecho, depende de forma predominante de las decisiones políticas y económicas y está inextricablemente entrelazada a ellas. Es sobre todo el resultado de una toma de decisiones colectiva, completamente imbricada en un contexto societario. Por tanto, es obvio que deberíamos considerar con mucha atención qué es lo que queremos lograr realmente antes de empezar a proyectar.

Durante las últimas décadas, en el mundo occidental, la arquitectura ha perdido gran parte de su significado y sentido. Especialmente en Estados Unidos, la proporción de edificios de valor real es desalentadoramente baja. La zona denominada Ground Zero ilustra el poder del dinero. Resulta significativo, en el emplazamiento de uno de los más importantes eventos de la historia mundial ocurridos en el umbral del siglo XXI, que "la idea" esté tan sometida "al dinero". Irónico, considerando que el trabajo de reconstrucción costará menos de un billón de dólares, mientras que las catalizadoras guerras de Irak y Afganistán han costado hasta ahora más de 450 billones de dólares. Esto podría esperarse en cualquier otro lugar, excepto en ese simbólico emplazamiento. Con todo, los arquitectos tampoco deberían esconderse tras el mantra generalizado "no hay buena arquitectura sin un buen cliente". No hay que perder de vista el hecho de que el 95% de las variables de un encargo están fijadas antes de que el arquitecto empiece siquiera a trabajar.

Is this the only way to achieve economic development? Or must we accept as an unavoidable consequence of progress and international competitiveness the sacrifice of existing assets? Building doesn't lend itself to a lazy approach. It is not only a complex business but also a highly responsible one. The Netherlands Institute of Spatial Research (RPB) has already given up the ghost in its resistance to the 'hypermarket', instead attempting to define guidelines to control its development. Considering the increasing effect of globalisation and retail developer's changing spatial strategies (read 'mega malls' and 'hypermarkets'), it is conceivable that what controls there are will be relaxed in the coming decades. As an isolated strategy, it has undeniable logic. However, if this laissez-faire approach is to be applied in the wider perspective, and the eventualities extrapolated, Pandora's box could explode with disastrous consequences. Local Authorities would be set against each other, competing for new jobs and the income that the sale of land would generate.

This example illustrates, firstly, the influence the bigger picture has on the effectiveness of the architect. As mentioned earlier, our work, excluding of course the form of the design, is practically complete before we even begin. Even more disturbing is that at the building design stage, the level of control has increased with the introduction of 'supervision committees' and 'quality teams.' Frustration is further heightened by a reluctance to formulate clear and concrete frameworks from which a design can be developed. Piles of documents with urban planning guidelines, programme briefs, framework documents, environmental regulations and security and safety codes are superfluous. What is essential to a project can generally be written on an A4 sheet. A good brief is short and concise and a succesful project team is small and focussed.

The approach of the RPB also highlights a dilemma: strict regulations are necessary in such projects that involve considerable amounts of money, while restrictive rules make it almost impossible to build new developments in existing urban centres. The consequence is that the path of least resistance can also cause the most erosion. *'You can only use space once, so you've got to get it right first time. Difficult laws can always be addressed later, but if the space is gone, it's gone forever.'*[3] It is thus crucial that people and economics, and aims and means, are not confused with each other and remain clear.

So how do we react? Is it flight or fight? We could always flee to the stage-managed security of 'gated communities'; to familiar, historical architecture; or beyond, to the virtual world of the modern media. Contemporary society prefers to conduct life from the hiding place of a classical environment, there to consume the daily modernity of the recreation and entertainment 'industries', television and the internet. In commercials, shampoos and perfumes are regularly presented in the environs of hypermodern villas surrounded in sensuality and erotica. Paradoxically, the design of the 'home' where these modern media are installed increasingly borrows from classical values. Good, old fashioned tradition to counterbalance the neurotic world of the modern, ever-young citizen of the world, with, as nadir, the Disney-created model town of Celebration in Florida; a 'gated community' where daily life is designed and directed as in a film or theme park. Problems, threats and conflicts, everything that can't be controlled is not solved, but excluded. To buy a house in this town, one must first be screened and the existing residents balloted. The last refuge of a disintegrating society?

Learning from Lalibela

In an increasingly fast and changing world, architecture can stand out as a beacon of permanence. The more virtual the world becomes, the more architecture appears a discordant element. Buildings, by nature of their solidity and economic value tend to survive for long periods of time; durable features defying gravity and time.

Los arquitectos trabajan en un marco construido colectivamente que sólo requiere de ellos que completen su parte. No se trata de hacer una obra maestra de la arquitectura con cada bloque de viviendas o cada fábrica, pues esa visión esteticista resultaría extremadamente agotadora. Tiene más que ver con el hecho de que demasiadas veces, arquitectos y urbanistas ni siquiera se preguntan si desean o están dispuestos a trabajar en esas condiciones, con sus limitaciones económicas inherentes. No se lo preguntan a sí mismos, ni a los políticos ni a la sociedad en su conjunto.

El poder de la ley

Construir no se presta a una actitud indolente. No sólo es un oficio complejo, sino que también exige una gran responsabilidad. ¿Debemos construir cajas con perfiles de metal alrededor de nuestras ciudades y nuestras autopistas, como coronas fúnebres? ¿Pueden la infraestructura y la industria desarrollarse sin incidir destructivamente en la naturaleza? ¿Es éste el único modo de lograr el desarrollo económico? ¿O debemos aceptar como una consecuencia inevitable del progreso y la competitividad internacional el sacrificio de los recursos existentes? Como uno de los países más prósperos del mundo, no podemos ocultarnos tras la excusa de que no hay dinero disponible. En lugar de eso, deberíamos preguntarnos cómo podemos utilizar estratégicamente el dinero y con el mejor efecto posible.

El Instituto Holandés de Investigación Espacial (RPB) ya ha tirado la toalla en su resistencia al "hipermercado", en lugar de intentar definir unas pautas para controlar su desarrollo. Considerando el efecto creciente de la globalización y las estrategias espaciales cambiantes de los promotores de venta al detalle (léase las mega-galerías comerciales o "mega malls" y los hipermercados), es concebible que los controles se relajen en las próximas décadas. Como estrategia aislada, tiene una lógica innegable. Sin embargo, si este enfoque se aplicase en la perspectiva más amplia y extrapolando las eventualidades, la caja de Pandora podría estallar con desastrosas consecuencias. Las autoridades locales se enfrentarían unas a otras, compitiendo por los nuevos puestos de trabajo y los ingresos que generaría la venta de suelo.

Este ejemplo ilustra, en primer lugar, la influencia que tiene el panorama más amplio en la eficacia del arquitecto. Su obra, excluyendo por supuesto la forma del proyecto, se completa prácticamente antes de que el arquitecto empiece a trabajar. Y aún es más preocupante que al final de todo ese proceso, en el estadio de proyectación del edificio, el nivel de control se haya incrementado con la introducción de "planos de calidad del proyecto", "comités de supervisión" y "equipos de calidad". La frustración que esto produce se ve intensificada por el creciente rechazo a formular marcos de trabajo claros y concretos desde los cuales desarrollar un proyecto.

La segunda conclusión pone de relieve un dilema. Las normativas estrictas son necesarias en proyectos que implican considerables cantidades de dinero, mientras que las reglas restrictivas hacen casi imposible construir nuevas urbanizaciones en centros urbanos ya existentes. La consecuencia es que la vía de menor resistencia también puede provocar la máxima erosión. *"Sólo puedes utilizar el espacio una vez, de modo que hay que acertar a la primera. Las normativas difíciles siempre pueden abordarse más tarde, pero si ya no queda espacio, ya no hay nada que hacer definitivamente."*[3] Por tanto, es crucial que personas, economía, y objetivos y medios no se confundan unos con otros y queden muy claros.

¿Cómo debemos, pues, reaccionar? ¿Es cuestión de escapar o de luchar? Siempre podríamos escapar y protegernos en la seguridad organizada de las "comunidades cercadas" (urbanizaciones valladas y protegidas por puertas de seguridad); en la arquitectura familiar, histórica; o más allá, en el mundo virtual de los modernos medios de comunicación. La sociedad contemporánea prefiere conducir la vida desde el escondite de un entorno clásico, desde el cual consumir la modernidad cotidiana del ocio y la "industrias del

The material aspect of architecture is far more predominant in second and third world countries than in the modern societies of the West. This is evident in the work of Barragan in Mexico and of Niemeyer, Lino Bo Bardi and the duo of Ricardo and Renato Menescal in Brazil.[4] The incredible, monolithic 'rock' churches of Lalibela in Ethiopia display a power and purity, an architectural force of expression, that is rarely achieved in the wealthy West. These churches are carved from the ground rock, a concept as simple as it is brilliant, where material is removed rather than added. The crude manner in which the Menescal's constructed the Costa Brava Club and their sublime exploitation of the underlying topography are remarkable. Both these examples illustrate the benefit of a strong relationship between the interior and exterior and the principles of shelter and control.

It is also interesting how the architecture of Barragan and Niemeyer gained popular support. Their work influences whole countries. It is democratic architecture, innovative but not elitist. It is based not on the use of expensive materials but on local techniques and labour and their modernisation of the building process was founded in tradition.

Inspiration from naiveté

A desired quality, one that we increasingly miss in the Western world, is a grand and clear connection with our surroundings, both urban and rural. In the Netherlands the relationship with the undeveloped landscape is specifically problematic (it is remarkable how 'ground-connected' housing is so called, considering its often negligible relationship with its surroundings). Nature, it appears, needs to be planned, protected, controlled and maintained. It is truly bizarre how little we utilise this resource.

It is even more surprising that our approach to this problem has not developed in the past half-century. While everyone has a stereo system at home and a car parked outside, there has been little actual progress in terms of the quality of living and interaction with our surroundings. With regard to the ideals of the 20's, light, air and space, it appears we have regressed. A somewhat simpler indicator, though nonetheless informative, is the question, 'What does the typical Dutch resident do if they have a few days off?' Is there sufficient reason, attraction or allure in their immediate environment to convince them to remain at home or do they choose to depart for foreign shores? More often than not, they go. The Dutch are undisputedly number one when it comes to holidaying abroad.

Must we conclude that good architecture requires a certain naiveté? That only 'immature' economies, stubborn daydreamers and succesful individuals can achieve success in this field? The answer must be no. For even the most obstinate talents succumb to the pressures surrounding them; just consider Libeskind's experience at Ground Zero. Frank Gehry's Guggenheim Museum in Bilbao and Peter Zumthor's thermal baths in Vals are nothing if not the ultimate exceptions in the soulless conveyor belt of building production. 99.9% of buildings in our society are constructed with industrialised, standardised, prefabricated building products. It is therefore not surprising that the 'naive' examples from the second and third worlds act as a constant source of inspiration. They are the ever present voices of the architect's conscience hinting how it actually should be.

For this reason, SeARCH refuses to be defeatist and conform to the accepted practises of the building industry. We refuse to adopt the cynical attitude of the architect who, like Don Quixote, tilts at the windmills of 'the system'. For architects, clients, constructors and end-users all operate within the same domain. We usually have the same objectives and work within the same guidelines (although we tend to interpret those guidelines differently). When there is trust on both sides and when both architect and client have the same objectives, so much is possible. Happily, we are still involved with clients who understand that, independent of budget, much can be achieved if there is a common goal.

entretenimiento", la televisión e Internet. En los anuncios publicitarios, los champús y perfumes se presentan de un modo estándar en los entornos de villas hipermodernas rodeadas de sensualidad y erótica. Paradójicamente, el diseño del "hogar", donde están instalados esos medios modernos, toma cada vez más elementos prestados de los valores clásicos. La buena y anticuada tradición para contrarrestar el mundo neurótico de los ciudadanos del mundo, modernos y eternamente jóvenes. Y, como nadir, la ciudad modélica de Celebration, creada por Disney en Florida; una "comunidad cercada" donde la vida cotidiana está diseñada y dirigida como en una película o un parque temático. Problemas, amenazas y conflictos, todo lo que no puede controlarse no se resuelve, sino que se excluye. Para comprar una casa en esos lugares, uno debe someterse a unos filtros y se consulta a los habitantes existentes. ¿El último refugio de una sociedad en vías de desintegración?

Aprender de Lalibela

En un mundo cada vez más rápido y cambiante, la arquitectura puede ejercer la función de una luminaria permanente. Cuanto más virtual se vuelve el mundo, más aparece la arquitectura como elemento discordante. Las estructuras construidas, por la naturaleza de su solidez y su valor económico, tienden a sobrevivir durante largos periodos de tiempo, rasgos duraderos que desafían la gravedad y el tiempo.

El aspecto material de la arquitectura predomina en mucha mayor medida en los países del Segundo y el Tercer Mundo que en las modernas sociedades de Occidente. Esto aún es evidente en la obra de Barragán en México y de Niemeyer, Lino Bo Bardi y el dúo formado por Ricardo y Renato Menescal en Brasil.[4] Las increíbles, monolíticas iglesias "rocosas" de Lalibela en Etiopía comunican poder y pureza, una fuerza de expresión arquitectónica que raras veces se logra en el próspero Occidente. Esas iglesias están excavadas en la roca, un concepto tan simple como brillante, donde hay que eliminar material en lugar de añadirlo. El modo rudo y osado en que se construyó el Costa Brava Club de Menescal y su sublime explotación de la topografía subyacente resultan notables. Ambos ejemplos ilustran los beneficios de una fuerte relación entre el interior y el exterior y los principios de refugio y control.

También es interesante el hecho de que la arquitectura de Barragán y Niemeyer obtuvieran tanto apoyo popular. Su trabajo ha influido a países enteros. Se trata de arquitectura democrática, innovadora, pero no elitista. No se basa en el uso de materiales caros, sino en el trabajo y las técnicas locales, y su modernización del proceso de construcción se basa en la tradición.

Inspiración en la ingenuidad

Una cualidad deseada, que cada vez echamos más de menos en el mundo occidental, es una gran conexión muy clara con nuestro entorno, tanto urbano como rural. En los Países Bajos, la relación con el paisaje no urbanizado es problemática. Al parecer, la naturaleza tiene que planificarse, protegerse, controlarse y mantenerse. Es extraño lo poco que utilizamos ese recurso y parece que somos incapaces de establecer una buena relación entre la vivienda y el entorno natural.

Aún es más sorprendente que nuestro enfoque de este problema no haya evolucionado en el último medio siglo. Mientras todos tenemos un sistema estéreo en casa y un coche aparcado fuera, apenas ha habido ningún progreso en lo que respecta a la calidad de vida e interacción con el entorno. Respecto a los ideales de los años veinte de luz, aire y espacio, parece que más bien hemos retrocedido.

Un indicador en cierto modo más simple, aunque no menos informativo, sería la pregunta: ¿qué hace el típico holandés medio cuando disfruta de unos días de vacaciones? ¿Hay suficientes razones, atracción o encantos en su entorno inmediato para convencerle de que se quede en casa, o bien elige alejarse hacia costas foráneas? La mayoría de las veces, se opta por lo segundo. Los holandeses ocupan un indiscutible número en el ranking,

Two recent examples indicate how energising and vivacious the profession can be, although (commercial) circumstances could sometimes be friendlier. The first of these involves the new headquarters for T-Mobile in the Laakhaven neighbourhood of The Hague. This building was designed for the developer Centacon/Fortis Vasgoed by Dick van Gameren and Bjarne Mastenbroek while at de architectengroep. Under pressure from the client, the original concept design was considerably altered without T-Mobile, the end user, being aware of the proposal's original qualities. Subsequently, and by coincidence, T-Mobile and their advertisers sourced the office of the architectengroep as a location for recording a television commercial. This carefully designed office interior, renovated by Bjarne Mastenbroek in 2000, conforms far less to the market norm than their own standardised office environment and was the brand image they wanted to present for their company. Unbeknownst to themselves, they had returned full circle to a design by the same architect that *was* executed according to its original concept design.

The second example relates to a housing plan for Noorderplassen West on the outskirts of Almere. Commissioned by Eurowoningen, SeARCH and a large number of other practices had been working on the project for more than a year when the developer suddenly halted proceedings. Their argument was that the proposals were too modern, too expensive and did not appeal to 'the desires of the market'. To illustrate their objective, they then produced a number of reference images portraying wonderful designs by Frank Lloyd Wright, Rudolf Schindler, Richard Neutra and Mies van der Rohe. These impressive houses had six-meter high ceilings, sliding doors five-meters wide and estimated costs comfortably above two million euros. Unfortunately, the technical brief, devised by the developers themselves, dictated that ceiling heights were fixed at under three meters, opening windows could be maximal 70 cm wide and that building costs should be under 110,000 euro per dwelling. This dichotomy did indicate, however, that developers can indeed have worthy aspirations. It also illustrated how much they need architects to help achieve them.

The 21st Century

'Until now the process of globalisation has been primarily negative; in the financial world, business, crime, and in the world of terrorism. The negative globalisation is now practically finished; all societies are now completely open, in both material and intellectual contexts. The consequence of this is that every shortcoming, such as a deprivation or loss, creates feelings of injustice. People feel slighted, they have been treated unfairly, and this must be righted and atoned for.....
The negative globalisation is finished, its positive counterpart must now roll into action. Worldwide legislative, executive and administrative instruments of political democratic control must now be constituted. Until now, very little has happened in this area. It is the most important challenge of the 21st century. I sincerely hope that will be in a position to complete this assignment – it is a question humanity's life or death.'
Zygmunt Bauman[1]

We are regularly confronted with the darker side of human behaviour. It is undeniable that the opening ceremony of the Dutch embassy in Ethiopia directly infuenced the relationship between that country and the European Union. Newspaper photos showing the political opposition being greeted as friends have cooled diplomatic relationships considerably and even though the opposition won the subsequent elections, there has been no transfer of power. Sadly, hundreds of the government's opponents have subsequently been killed and thousands more imprisoned. SeARCH is currently developing a master plan for a new university campus in Abuja, Nigeria, for the Nelson Mandela Institute and the World Bank Group. We are working with foreign partners as, due to local corruption and the nefarious lawlessness in

en lo que respecta a pasar las vacaciones en el extranjero. Contrariamente a los que muchos creen, los Países Bajos no se han urbanizado, sino "ruralizado". La vivienda de baja densidad ha consumido inmensos espacios. Es curioso que se califique a ese tipo de urbanización de "conectada con la tierra", si tenemos en cuenta su relación a menudo insignificante con el entorno circundante. Nosotros estamos convencidos de que la mejora es posible, incluso en los lugares con mayor densidad de viviendas. ¿Hay que concluir, pues, que la buena arquitectura requiere cierta ingenuidad? ¿Que sólo las economías juveniles, los soñadores y los solitarios más prósperos y excepcionales pueden aventurarse con éxito en este campo?
La respuesta es no. Porque incluso los talentos más obstinados sucumben a las presiones que les rodean. Pensemos en Libeskind en el Ground Zero. El Museo Guggenheim de Frank Gehry en Bilbao y los baños termales de Peter Zumthor en Vals no son más que excepciones definitivas en la impersonal cinta transportadora de la producción constructiva. El 99,9% de los edificios de nuestra sociedad se construyen con productos constructivos industrializados, estandarizados, prefabricados. Por tanto, no es de extrañar que los ejemplos "ingenuos" del Segundo y Tercer Mundo actúen como fuente de inspiración constante. Son las voces omnipresentes de la conciencia del arquitecto, que nos insinúan cómo deberían ser las cosas realmente.
Por esta razón, SeARCH se niega a adoptar una actitud derrotista y a conformarse con las prácticas aceptadas de la industria de la construcción. Nos negamos a adoptar la actitud cínica del arquitecto que, como Don Quijote, ataca los molinos de viento del "sistema". Porque arquitectos, clientes, constructores y usuarios finales operamos en el mismo ámbito. Generalmente tenemos los mismos objetivos y seguimos las mismas pautas, aunque tendemos a interpretarlas de modo distinto. Cuando hay confianza por ambas partes y cuando arquitecto y cliente comparten los mismos objetivos, se puede lograr mucho. Afortunadamente, aún estamos comprometidos con clientes que comprenden que, independientemente del presupuesto, puede lograrse mucho si se comparte un objetivo común.
Dos ejemplos recientes sirven para mostrar hasta qué punto la profesión puede ser energética y vivaz, aunque las circunstancias (comerciales) podrían ser a veces más agradables. El primero es la nueva sede de T-Mobile en el barrio de Laakhaven de La Haya. El edificio fue proyectado para la constructora Centacon/Fortis Vasgoed por Dick van Gameren y Bjarne Mastenbroek cuando aún formaban parte de de architectengroep. Debido a las presiones del cliente, el concepto original se vio considerablemente alterado, sin que T-Mobile, el usuario final, fuera consciente de las cualidades originales de la propuesta. A continuación, y por una coincidencia, T-Mobile y sus anunciantes eligieron la oficina de de architectengroep como lugar para rodar un anuncio de televisión. El interior de oficinas, cuidadosamente diseñado y renovado por Bjarne Mastenbroek en 2000, se adaptaba más a las normas del mercado que su propia oficina estándar y correspondía a la imagen de marca que ellos querían presentar para su empresa. Sin saberlo, habían completado un círculo hasta llegar a un diseño del mismo arquitecto, que partía del propio concepto original de T-Mobile.
El segundo ejemplo se refiere a un plan de viviendas para Noorderplassen West, a las afueras de Almere. Encargado por Eurowoningen, SeARCH y muchos otros arquitectos llevaban más de un año trabajando en el proyecto cuando el constructor detuvo bruscamente el proceso. Su argumento era que las propuestas eran demasiado modernas, demasiado caras, y que no se ajustaban a los "deseos del mercado". Para ilustrar su objetivo, produjeron una serie de imágenes de referencia, retratando maravillosos dibujos de Frank Lloyd Wright, Rudolf Schindler, Richard Neutra y Mies van der Rohe. Eran casas impresionantes con techos de seis metros de alto, puertas correderas de cinco metros de ancho y unos costes estimados que se situaban cómodamente por encima de los dos millones de euros. Por desgracia, la memoria

parts of the country, collaboration with only local associates is ill advised. Closer to home, although on a different scale, we are confronted with the consequences of flawed business practices. The museum in Enschede (see Culture Cluster) is being constructed on the site of 2000's infamous explosion, where fireworks were stored in a warehouse located in the heart of a residential neighbourhood.

The future and VINEX

With the development models currently in use in the Netherlands the stride against the further destruction of our 'cultural landscape' is no longer winnable. Alongside the increasing amount of mandatory provisions, buffer zones, sound barriers and other such regulatory constructions consume enormous amounts of land. This is ultimately to the cost of the already limited space available for development. Other models exist. In China, where safety, regulations, privacy and democracy are considered in altogether different terms, housing and roads coexist side by side. It is too late to adopt such an approach here and it would be foolish to do so. Similarly, the American strategy with its inefficient use of space and energy is also unsuitable for this country.

Some might perceive this thesis as a pessimistic critique of the failing leadership in the Netherlands and abroad. Recalling the words of Zygmunt Bauman, this is patently not the case. He combines his frank and sombre statements with extremely clear and optimistic assertions. As do we.

SeARCH is convinced that it can be better, much better. We also realise that it will be difficult, extremely so. Architects have a moral duty to search for appropriate development models that combine higher densities with an improvement in quality. Not because the Netherlands is full, but because it is imperative we reinstate our relationship with the outdoors, with nature and with our 'cultural landscape.' Only in this way can the quality of living be improved. Even though a number of our schemes for VINEX sites were not realised, we believe that we have made a vital contribution to improving the built environment with several housing projects that were completed.

It was wonderful to build an enormous lake in the centre of a housing scheme in Leidschenveen (see Array & Clear), allowing residents to moor small boats behind their homes. The quality of the uniform 'ground-connected' houses that border the lake is considerably enriched by this feature. If its presence encourages the residents to spend one more day at home per year, then we will be satisfied.

Floriande's large 'village green' (see Re-arrange), planted with over 400 maple trees, is also a major contribution to the success of the whole development. All the island's fragmented 'left-over' spaces were collected together into one large central area that acts as a grand entrance to every home. The failure to complete the proposed parking solution and all the housing typologies, which complimented the scheme so well, is something we unfortunately have to accept.

The neighbourhood of Scherf 13 (see Divide & Conquer) in Leidsche Rijn is currently under construction. The concept of a 'practically' car-free environment is radical in the Dutch context, but we have gone a step further by removing them completely. Instead of being located centrally, all cars are now parked under an elevated apartment building. By halving its height and splitting the accommodation between two parallel blocks, connected by a deck, a cost efficient covered garage was created with sufficient space for all cars. In situations like this, we are more than happy to mediate the difficult negotiations between Local Authority and investor, a process that took more than two years.

In the design of two schools, Bredero College in Amsterdam Noord and Julianadorp outside Den Helder, we were primarily occupied with organising the programme in such a way as to maximise the potential of the project, within the usual strict budgetary constraints. We wanted to avoid the frequently occurring situation

técnica, elaborada por los propios constructores, dictaba que la altura de los techos debía fijarse por debajo de los tres metros, la abertura de las ventanas debía tener un máximo de 70 cm de ancho y los costes de construcción debían ser inferiores a los 110.000 euros por vivienda. Esta dicotomía indica, sin embargo, que los constructores podían efectivamente tener mejores aspiraciones. También ilustra hasta qué punto necesitan a los arquitectos para que les ayuden a conseguirlas.

Antes de realizar los propios sueños, es importante ser capaz de priorizar. ¿Qué debe ir primero y qué a continuación? ¿Qué es absolutamente esencial? En general, esto puede anotarse en una hoja tamaño Din A4. Pilas de documentos con pautas de planificación urbanística, instrucciones programáticas, condiciones de trabajo, normativa medioambiental y códigos de seguridad resultan superfluos. Un buen informe debe ser breve y conciso, y un equipo de proyecto eficaz es reducido y centrado. Un proceso de proyectación fluido beneficia a todas las partes, desde todas las perspectivas.

El siglo XXI

"Hasta ahora, el proceso de globalización ha sido esencialmente negativo; en el mundo financiero, la industria, la delincuencia y el mundo del terrorismo. La globalización negativa está ahora prácticamente terminada; todas las sociedades están completamente abiertas, en el plano material e intelectual. Como consecuencia de esto, cada defecto, como la privación o la pérdida, crea sentimientos de injusticia. La gente se siente desairada, injustamente tratada, y esto debe corregirse y exige una reparación…
La globalización negativa está terminada, ahora debe entrar en acción su contrapeso positivo. Hay que constituir los instrumentos internacionales legislativos, ejecutivos y administrativos de control político democrático. Hasta ahora, se ha avanzado muy poco en esta área. Se trata del mayor desafío del siglo XXI. Yo espero sinceramente que estaremos en situación de completar este encargo: es cuestión de vida o muerte para la humanidad."
Zygmunt Bauman[1]

Algunos pueden percibir estas tesis como una crítica condenatoria de la crisis de liderazgo de los Países Bajos. Recordando las palabras de Zygmunt Bauman, ese no es en absoluto el caso. Bauman combina sus francos y sombríos comentarios con afirmaciones extremadamente claras y optimistas. Como nosotros.

Es innegable que la ceremonia de inauguración de la Embajada de Holanda en Etiopía influyó directamente las relaciones entre ese país y la Unión Europea (véase Hide & Seek). Las fotos en los periódicos mostrando a los miembros de la oposición política tratados como amigos enfriaron considerablemente las relaciones diplomáticas, e incluso aunque la oposición ganó las siguientes elecciones, no hubo ninguna transferencia de poder. Por el contrario, cientos de oponentes del gobierno han sido ejecutados y otros miles detenidos y encarcelados.

SeARCH está desarrollando un plan maestro para un nuevo campus universitario en Abuja, Nigeria, para el Nelson Mandela Institute y el World Bank Group. Trabajamos con socios extranjeros, ya que, debido a la corrupción local y al nefasto desorden que domina en algunas partes del país, la colaboración exclusiva con socios locales no es aconsejable.

Más cerca de nuestro territorio, aunque a una escala muy distinta, nos vemos enfrentados a las consecuencias de prácticas profesionales viciadas. El museo de Enschede (véase Culture Cluster) se está construyendo en el lugar de la desdichada explosión del año 2000, en un antiguo almacén de fuegos artificiales irrumpiendo así en el corazón de un barrio residencial.

El futuro y VINEX

El avance contra una mayor destrucción de nuestro "paisaje cultural" no se puede lograr con el desarrollo de los modelos de uso actual en Holanda. Junto a la creciente cantidad de disposiciones

where children eat their lunch while sitting at their classroom desks. We also think it important that children don't play in shifts, often at a different time to their pals in another class. We therefore introduce elements not contained in the brief, such as a large central atrium or a playground on the roof. In the majority of our projects, it is the empty spaces that are the focus of analysis. To give form to these is of utmost importance, even more so than the building itself.

And sometimes we stumble on gold. We were fortunate to be able to build a tea pavilion for the Dutch Nature Conservancy using the latest developments in environmentally friendly construction (see High Tea). It is an energy efficient building with maximal transparency. The restoration and renovation of a farmhouse in Zutphen is another jewel (see Shrink to Fit). Without steel or concrete, the building was constructed using laminated panels of white deal and insulated with sheep's wool. The family clearly wanted to invest in a sustainable living environment and were prepared to take the radical steps to achieve this. The embassy in Addis Ababa (see Hide & Seek) was executed as one of a series intended to exhibit progressive Dutch design, while also expressing the national qualities of diplomacy and 'openness'. Sadly, the technocrats of the current cabinet have subsequently made a mockery of this trait.

It is now evident that there are no ready made solutions to the problems of our increasingly complex, global society. We cannot rely on the politicians in matters concerning security, the problems of global warming or the world of spatial planning. We must take the initiative ourselves.

Sometimes you walk into the reception of a big developer and notice that, due to another reorganisation, the building is, for the umpteenth time, undergoing renovation. Brand new, large format, back-lit photos of smiling 'housing consumers' supported by texts such as, 'we are there to make your dreams come true,' look you in the face. Later, you drive past the low-budget extension to a cultural education centre that we designed several years ago, and observe that the building is overflowing with activity.[4] You also notice the director and her colleague hoovering the floor, and the marks on the cheap metal stud walls that are painted over every six months. An environment, a landscape, a building; if it is not cared for it will never be succesful. It's not about the money. It's all about commitment, being dedicated.

[1] From the interview 'Love is the first victim', by Yvonne Zonderop with Zygmunt Bauman, the Polish sociologist and philosopher. Volkskrant, October 29th, 2005.

See also an interview with Zygmunt Bauman by Madeleine Bunting, Saturday April 5, 2003, The Guardian on the occasion of the new book 'Liquid Love: On the Frailty of Human Bonds', published by Polity Press, GB.

[2] 'Powers of Ten: A Film Dealing with the Relative Size of Things in the Universe and the Effect of Adding Another Zero' - a refined and extended version of the 1968 film made by Charles and Ray Eames in 1977; 8.47 min; color, based on the idea "Cosmic View" (Tiende Sprongen) by Kees Boeke, Dutch engineer & educator-.

[3] Bernard Hulsman, following the publication of the book "Shopping in Megaland", by David Evers, Anton van Hoorn and Frank van Oort, NAi Uitgevers/Ruimtelijk Planbureau, NRC-Handelsblad, February 4th, 2006.

[4] Costa Brava Clube, Rio de Janeiro, designed and extended/enlarged by Ricardo and Renato Menescal between 1962 and 1980.

[5] Culture Education Centre Triade, Den Helder, 1998-2001, client: Jos Post, stichting Triade.

obligatorias, zonas de parachoques, barreras de sonido y otras construcciones compensatorias, consumen una ingente cantidad de espacio. Éste es, en última instancia, el peaje de un área disponible para el desarrollo ya muy limitada.

En el modelo chino, donde la salud, las normativas, la privacidad y la democracia se consideran en términos completamente distintos, viviendas y carreteras pueden coexistir codo con codo. Afortunadamente, es demasiado tarde para adoptar aquí ese enfoque, que sería a todas luces inaplicable. De un modo similar, la estrategia norteamericana, con su uso ineficaz del espacio y la energía también es inadecuada para este (o cualquier otro) país. Los arquitectos tienen el deber moral de buscar modelos de desarrollo apropiados, que combinen mayores densidades con una mejora de la calidad. No porque Holanda esté lleno, sino porque es imperativo que restablezcamos nuestras relaciones con el exterior, el aire libre, la naturaleza y con nuestro "paisaje cultural". Sólo de este modo podrá mejorar la calidad de vida.

En SeARCH estamos convencidos de que puede ser mejor, mucho mejor. También nos damos cuenta de que puede ser difícil, extremadamente. Aunque no llegaran a realizarse algunos de nuestros planes urbanísticos de VINEX no llegaran a realizarse, creemos que hemos hecho una aportación vital en la mejora del entorno construido, con varios proyectos que sí hemos completado.

Fue maravilloso construir un enorme lago en el centro de una urbanización de Leidschenveen (véase Array & Clear), que permite a los residentes amarrar pequeños botes detrás de sus casas. La calidad de las casas uniformes y "conectadas a tierra" que bordean el lago se ve considerablemente enriquecida por este elemento. Si su presencia anima a los residentes a pasar un día más en casa al año, nos daremos por satisfechos.

El amplio "poblado verde" de Floriande (véase Re-arrange), donde se han plantado unos 400 arces, también es una contribución esencial al éxito de toda la urbanización. Todos los espacios fragmentados "sobrantes" de la isla se han agrupado en una amplia área central que sirve de gran entrada para cada casa. El hecho de no haber podido completar todas las tipologías de edificios propuestas y todas las soluciones de aparcamiento, que encajaban perfectamente en el proyecto, es algo que desgraciadamente tenemos que aceptar.

El barrio de Scherf 13 (véase Divide and Conquer) en Terwijde se halla actualmente en construcción. El concepto de entorno "prácticamente" libre de coches es radical en el contexto holandés, pero nosotros hemos ido un paso más allá, eliminándolos por completo. En lugar de situarse de forma central, todos los coches quedan ahora aparcados bajo un edificio de apartamentos elevado. Al reducir su altura a la mitad y dividir el acomodo entre dos bloques paralelos, conectados por un piso, se creó un garaje cubierto y de bajo coste, con espacio suficiente para todos los automóviles. En situaciones como ésta, estamos muy contentos de haber podido mediar en las difíciles negociaciones entre las autoridades locales y el inversor, un proceso que se prolongó durante más de dos años.

En el proyecto de dos escuelas, Bredero College en Amsterdam Noord y Julianadorp junto a Den Helder, nos ocupamos principalmente de organizar el programa de modo que se maximizara el potencial del plan, dentro de las habituales limitaciones presupuestarias. Queríamos evitar la frecuente situación en que los niños almuerzan sentados en su pupitre del aula. Nos parece importante que los niños no tengan que hacer turnos para jugar, a menudo a distintas horas que sus amigos de otros cursos. Por tanto, introdujimos elementos que no estaban contenidos en el encargo, como un gran atrio central o un patio de recreo en la azotea. En la mayoría de nuestros proyectos, los espacios vacíos constituyen el centro de nuestro análisis. Darles forma es de una importancia primordial, aún más que el propio edificio.

Y a veces tropezamos con oro. Tuvimos la suerte de poder construir un pabellón de té para el Centro de Conservación de la Naturaleza de Holanda, utilizando los últimos avances de la construcción

favorable al medio ambiente (véase High Tea), un edificio energé-
ticamente eficiente con la máxima transparencia. La restauración
y renovación de una granja en Zutphen es otra joya (véase Shrink
to Fit). Sin acero ni cemento, el edificio se construyó con paneles
laminados de pino blanco, aislados con lana de oveja. La familia
deseaba claramente invertir en un entorno vivo y sostenible, y
sus miembros estaban dispuestos a dar los pasos radicales para
conseguirlo. La Embajada de Holanda en Addis Abeba (véase Hide
& Seek) se ejecutó en el contexto de una serie destinada a exhibir
buen diseño holandés, expresando al mismo tiempo las cualidades
de la diplomacia y la mentalidad abierta del país. Por desgracia,
los tecnócratas del gabinete actual han convertido el proyecto en
una caricatura.

Ahora es evidente que no hay soluciones fáciles para los problemas de la sociedad global, cada vez más compleja. No podemos
contar con los políticos para las cuestiones de seguridad, calen-
tamiento global o el mundo de la planificación espacial. Tenemos
que tomar nosotros la iniciativa.

A veces uno entra en la recepción de un gran constructor y
advierte que, debido a otra reorganización, están reformando el
edificio por enésima vez. Flamantes fotografías de gran formato e
iluminadas por detrás, con sonrientes "consumidores de hogar",
acompañadas de textos como: "estamos aquí para hacer realidad
sus sueños" le miran directo a los ojos. Más tarde, uno se aleja en
coche y deja atrás la zona de bajo presupuesto, hacia un centro
de educación cultural que proyectamos hace unos años, y observa
que el edificio bulle de actividad y ve al director y a un colega
aspirando el suelo.[5] Y las marcas en las paredes incrustadas de
metal barato que se pintan cada seis meses. Todo es cuestión de
compromiso.

Y en un instante, uno comprende lo que es verdadero y lo que es
falso, lo que está bien en el mundo... y lo que no.

[1] De la entrevista "El amor es la primera víctima", de Yvonne Zonderop a
Zygmunt Bauman, sociólogo y filósofo polaco. Volkskrant, 29 de octubre
de 2005.

Véase también la entrevista con Zygmunt Bauman de Madeleine Bunting.
The Guardian, sábado 5 de abril de 2003.

[2] "Potencias de Diez: Una Película sobre el Tamaño Relativo de las Cosas
dentro del Universo y el Efecto de Añadir otro Cero"-una refinada y
ampliada versión del original proyecto de 1968, dirigida por Charles y
Ray Eames en 1977; 8.47 min; color, basada en la idea "Cosmic View"
(Tiende Sprongen) de Kees Boeke, ingeniero y profesor holandés-.

[3] Bernard Hulsman, a propósito de la publicación del libro "Shopping in
Megaland", de David Evers, Anton van Hoorn y Frank van Oort,
NAi Uitgevers/Ruimtelijk Planbureau, NRC-Handelsblad, 4 de febrero
de 2006.

[4] Costa Brava Clube, Río de Janeiro, proyecto y ampliación de Ricardo
y Renato Menescal entre los años 1962 y 1980.

[5] Centro de Educación y Cultura Triade, Den Helder, 1998-2001,
cliente: Jos Post, fundación Triade.

Two exhibitions at SeARCH

How can SeARCH feel at home in an industrial zone and how can an architectural office put its large surplus of office space to good use? Rented with a view to future growth, it seemed an interesting idea to temporarily turn it into a multifunctional space. From day one, room was made available to third parties. The workspace package comprised a table, chair, telephone and cabinet, in a space shared with the SeARCH team. Alternatives with or without secretarial support were also offered. Inter-desk crosspollination transpired to be an interesting development. For instance, Tom Frantzen designed the carpets in our meeting rooms while collaboration with others on a project-basis is also ongoing. In mid 2005, SeARCH opened its own lunchroom, soon to be open to the public. It fills a specific niche in the neighbourhood, a hitherto nondescript industrial zone that is swiftly transforming into an area of service orientated businesses. We have decided to help stimulate this transformation. During the exhibition curated by the Paul Andriesse gallery, multiple use of space was interpreted literally. Visitors walked among the desks and into meeting rooms while staff were busy working on their projects. Most of the visitors described this as an unusual experience. Gradually they started turning their attention towards SeARCH's designs and models. Some felt they were intruding and were uncomfortable with the combination of viewing art while simultaneously watching others work. This experience is intimately related to the questions posed in the exhibition.

Two exhibitions at SeARCH

¿Cómo puede SeARCH llegar a sentirse en casa en un terreno industrial y cómo un estudio de arquitectura debería maximizar el rendimiento de un espacio tremendamente amplio? El área de trabajo se alquiló con vistas a un futuro crecimiento y hasta entonces parecía una buena idea transformarlo en un espacio temporalmente multifuncional. Así, desde el primer día, SeARCH empezó a alquilar espacios de trabajo a terceros. El paquete que se pone a disposición del cliente incluye mesa, silla, teléfono y armario en el mismo espacio donde SeARCH desarrolla su trabajo. Se ofrece también alternativa a la disposición de servicio de secretaría. De la "polinización cruzada" que tiene lugar entre los espacios de trabajo propios y los alquilados resulta un proceso interesante: por ejemplo, Tom Franzen (arquitecto) diseñó las alfombras de nuestras salas de reunión. A mediados de 2005 SeARCH inauguró su propia cantina que en un futuro se abrirá al público. Este tipo de espacios son ampliamente demandados en esta zona debido a su rápida transformación de zona industrial a área orientada a empresas. Ésta es nuestra pequeña aportación para llevar a cabo esta transformación. Durante la exposición organizada por la Galería Paul Andriesse, la expresión "uso doble del suelo" se llevó hasta sus últimas consecuencias: el público caminaba entre los escritorios y entraba en las salas de reunión mientras el equipo trabajaba en sus proyectos. Muchos empezaron a alternar la contemplación de las obras con la observación de las maquetas y los proyectos de SeARCH. Algunos confesaron sentirse como intrusos, y tuvieron dificultades para combinar el arte con la presencia de visitantes en su trabajo. Esta experiencia tiene mucho que ver con las preguntas subyacentes a la propia colección expuesta. Encontrar un hogar.

To Find A Home

*An exhibition curated for
SeARCH by Paul Andriesse,
14 December 2003 - April 2004*

*There has been a penchant in
recent exhibition-making to em-
phasize the explanatory. Didactic
considerations and funding
require that each exhibition be
fully rationalized before it is executed – that each work or group
of work carries a clear label as to
its intention, purpose, and meaning. This elucidation is useful for
an intellectual understanding
of what one is viewing, but it
denies other areas of experience
– in particular, phenomenal and
emotional encounters, those
equally valid components of
our interactions with art. In the
nineteenth century, there was a
place and a language to discuss
the affect of a work of art. Today,
such treatment has been mar-
ginalized. An objective, almost
technical, vocabulary pervades
the discussion of art.*
Patrick Murphy in 'Stanza',
ICA Philadelphis, 1999

SeARCH has a beautiful large
space in no-man's-land with a
clear context: it is an architectural office. Here, anything can
happen.
We usually define space by its
measurements, but it is much
more interesting to think of a
mental space. Likewise, building a house is very different
from finding one. Assembling
an exhibition can be like deco-
rating a house: you arrange
the available elements as a
practical, coherent collection
with which you are comfort-
able. With non-monographic
exhibitions a name is chosen
to distinguish it from other col-
lections. The selection of works
and their content is determined
by this name just as much as it
is by the context. It becomes a
theme. In this case, it was the
urban context and SeARCH's
interest in photography that
defined the exhibition. The
word 'search' reminds me of
'Searching for the Miraculous',
the title of a work by Bas Jan
Ader inspired by Ouspensky's
eponymous book about Gurd-
jieff, 'seeker of the sources of
knowledge and the meaning
of life'.

To Find A Home aspires to be
part of a quest, specifically the
activity of searching. To achieve
this would make its meaning
complete. The exhibit could
then, for instance, deal with
the migration of people and
their interaction with Nature;
the disappearance of Nature to
make way for development or
the propagation of a critical approach to building. This is only
half-true. While Art aims, above
all, to pose questions, art exhib-
its do not provide answers. They
serve instead as stimulating ex-
periences, where the observer
can present themselves as an
addition to reality. It is a quest
for oneself.

Paul Andriesse

exhibition
Galerie Paul Andriesse & SeARCH
idea Bjarne Mastenbroek
curator Paul Andriesse
projectteam Paul Andriesse,
Bjarne Mastenbroek, Inge Brouwer,
Milka van der Valk-Bouman, Ad Bogerman
assistants Petra Heck, Thomas van
Schaick, Marianne Vlaming
artists To Find A Home Robert Adams,
Bas Jan Ader, Edgar Arceneaux, Vincenzo
Castella, René Daniëls, Dan Graham,
Cuny Janssen, Joachim Koester, Aglaia
Konrad, Jan Koster, Ken Lum, Jan van
de Pavert, John Riddy, Edward Ruscha,
Gregor Schneider, Thomas Struth, James
Welling and Edwin Zwakman

To Find A Home

*Exposición de obras
seleccionadas para SeARCH
por Paul Andriesse,
14 Diciembre 2003 - Abril 2004*

*Últimamente en las exposicio-
nes se tiende a realzar lo explica-
tivo. Los requisitos de la financia-
ción y de la didáctica exigen que
cada exhibición se racionalice
por completo antes de ponerla
en marcha – que cada obra o
conjunto de obras estén provistas
de una etiqueta que deje clara su
intención, objetivo y significado.
Esta elucidación es útil si se
quiere llegar a un entendimiento
intelectual de lo que se percibe,
pero a la vez anula otras áreas
de experiencia – en especial
encuentros fenoménicos o emo-
cionales, componentes de igual
valor en nuestra relación con el
arte. En el siglo diecinueve exis-
tía un lenguaje en que describir
el efecto de una obra de arte.
Hoy este tratamiento ha sido
marginalizado, y en su lugar
es un lenguaje objetivo, casi
técnico, el que ha invadido las
discusiones sobre el arte.*
Patrick Murphy en "Stanza",
ICA Philadelphis, 1999

SeARCH posee un extraordi-
nario espacio en tierra de nadie
y un contexto claro: es una
estudio de arquitectura. Aquí,
puede suceder cualquier cosa.
Normalmente definimos un
espacio por sus medidas, pero
pensar en un espacio mental
es mucho más interesante. Del
mismo modo, construir una
casa es muy diferente a buscar
una ya existente. Realizar una
exposición puede ser como
decorar una casa: dispones
los elementos que tienes para
lograr una distribución funcional
y con la que te puedas sentir
cómodo. Con las exposiciones
no monográficas, hay que buscar además un nombre que las
distinga de otras exposiciones.
Ese nombre será tan determi-
nante para la selección y el
contenido de las obras como lo
es el contexto de la exposición.
Se convierte así pues en tema.
En este caso fueron determi-
nantes para la selección de
obras el contexto y el interés
de SeARCH en fotografía. La
palabra "search" me recordó a
"Searching for the Miraculous",
el título de una obra de Bas Jan

Ader inspirada en el libro del
mismo nombre. Escrito por Ouspensky, el libro describe a Gurd-
jeff como alguien que buscaba
las fuentes del conocimiento y el
sentido de la vida.
To Find A Home aspira a partici-
par en una búsqueda, especialmente en la actividad de buscar.
Esto le daría un significado
completo. Así, la exposición
podría tratar por ejemplo las
migraciones y la brutal intervención del hombre en la naturaleza, su desaparición para crear
áreas construidas, la propaga-
ción de una actitud crítica hacia
la construcción. Eso es sólo
una verdad a medias. El arte
pretende sobre todo proponer
preguntas, y una exposición de
arte no proporciona respuestas,
sólo una vivencia estimulante
donde el observador puede
verse como un añadido a la
realidad. Es una búsqueda con
uno mismo como objeto.

Paul Andriesse

exposición
Galerie Paul Andriesse & SeARCH
concepto Bjarne Mastenbroek
organizador Paul Andriesse
equipo de proyecto Paul Andriesse,
Bjarne Mastenbroek, Inge Brouwer, Milka
van der Valk-Bouman, Ad Bogerman
colaboradores Petra Heck,
Thomas van Schaick, Marianne Vlaming
artistas To Find A Home Robert
Adams, Bas Jan Ader, Edgar Arceneaux,
Vincenzo Castella, René Daniëls, Dan
Graham, Cuny Janssen, Joachim Koester,
Aglaia Konrad, Jan Koster, Ken Lum,
Jan van de Pavert, John Riddy, Edward
Ruscha, Gregor Schneider, Thomas Struth,
James Welling and Edwin Zwakman

Some Trees

*An exhibition curated for
Neuer Aachener Kunstverein
and SeARCH, April-July 2005*

There is something about trees. We are moved by their indispensibility to our survival, as they produce the oxygen we need. Or maybe we are troubled that so many show an alarming lack of consciousness to their vital contribution to our ecosystem. They are the iconic symbols of nature. Trees are the connection between earth and sky. They reach out to the heavens in a way that we are usually unaware of in ourselves. We mimic them. The tree is symbolic of a different sense of time. For those who have vision, they can plant a tree and look to a future when they might not be here anymore. We also use the tree as a brain model, to symbolize our ways of thinking. Or the bronchial tree to illustrate respiration. These fascinations are of all times. Trees reappear in contemporary art as well as in medieval, western and eastern arts. The most impressive tree is probably the Sequoia, a beautiful name given by the Native Americans. However, it is not their size that intimidates Kim Novak in Vertigo, but that they live so long, a fact that confronts her with her own mortality.

Paul Andriesse.

exhibition
Galerie Paul Andriesse & SeARCH
idea Bjarne Mastenbroek
curator Paul Andriesse
projectteam Paul Andriesse,
Bjarne Mastenbroek, Inge Brouwer,
Milka van der Valk-Bouman
assistants Petra Heck,
Marianne Vlaming, Wesley Lanckriet,
Remco Wieringa, Markus Wesselmann,
Cliff Martopawiro
artists Some Trees Joachim Koester,
Angus Fairhurst, Anselm Kiefer,
Paul Andriesse, Albert Renger-Patzsch,
Guiseppe Penone, Curdin Tones, SeARCH,
Thomas Struth, Tacita Dean, René Daniels, Luisa Lambri, Jean-Marc Bustamante, Nicolas Nixon, Shel Silverstein,
Cuny Janssen, Erik Andriesse,
Robert Adams, John Riddy, Roy Villevoy,
Meindert Koelink, Daan van Golden,
Johan van der Keuken, Thierry de Cordier,
Tomoko Imai, Antonietta Peeters,
Roxy Paine, Jan Koster.
photography exhibition Peter Cox

Some Trees

*Una exposición realizada para
Neuer Aachener Kunstverein
y SeARCH, Abril-Julio 2005*

Algo en particular tienen los árboles. Nos trasladamos por precisarlos para nuestra supervivencia, pues producen el oxígeno que necesitamos. O quizá nos preocupamos por la alarmante ignorancia de muchos de nosotros sobre su vital rol en nuestro ecosistema. Son los iconos de la naturaleza. Los árboles son la conexión entre la tierra y cielo. Abrazan el cielo de manera desprevenida. Nosotros los imitamos. El árbol es el símbolo de los diferentes matices del tiempo. Aquellos que ven más allá del presente, pueden plantar un árbol y mirar a un futuro en el que probablemente ya no se encontrarán. También nos gusta asemejar el árbol a un cerebro, para simbolizar nuestras formas de pensamiento. O considerar el árbol bronquial. Estas fascinaciones son atemporales y las vemos aparecer tanto en el arte contemporáneo como en el medieval, en el oriental y occidental. El árbol quizá más sorprendente es la secuoya, bautizado con este hermoso nombre por los nativos americanos. Sin embargo, no es su tamaño el que intimida a Kim Novak en Vértigo, sino su larga longevidad, hecho que le confronta con su propia mortalidad.

Paul Andriesse.

exposición
Galerie Paul Andriesse & SeARCH
concepto Bjarne Mastenbroek
organizador Paul Andriesse
equipo de proyecto Paul Andriesse,
Bjarne Mastenbroek, Inge Brouwer, Milka
van der Valk-Bouman
colaboradores Petra Heck,
Marianne Vlaming, Wesley Lanckriet,
Remco Wieringa, Markus Wesselmann,
Cliff Martopawiro
artistas Some Trees Joachim Koester,
Angus Fairhurst, Anselm Kiefer,
Paul Andriesse, Albert Renger-Patzsch,
Guiseppe Penone, Curdin Tones,
SeARCH, Thomas Struth, Tacita Dean,
René Daniels, Luisa Lambri, Jean-Marc Bustamante, Nicolas Nixon, Shel
Silverstein,
Cuny Janssen, Erik Andriesse,
Robert Adams, John Riddy, Roy Villevoy,
Meindert Koelink, Daan van Golden,
Johan van der Keuken, Thierry de Cordier,
Tomoko Imai, Antonietta Peeters,
Roxy Paine, Jan Koster.
fotografía exposición Peter Cox

text *texto*

High Tea

*Posbank pavilion in Veluwezoom
National Park, Rheden,
NL, '98-'02.*

The intention with this project
was to make the tea house a
model of energy efficiency while,
at the same time, completely
transparent to its natural
surroundings. The pavilion is
located at the end of a range of
hills formed in the last ice age,
when the earth was pushed
more than 100m above sea level
(quite an achievement by Dutch
standards). From the entrance
the floor rises in a continuous
spiral that wraps itself around a
group of trees, culminating in a
14m cantilever. The construction
consists of steel, for tension,
and unprocessed solid oak, for
compression. At its most pivotal
point, a large boulder supports
the construction.
The building emphasises the
value and power of natural
resources and demonstrates
the continuing dominance of
nature over culture. Paradoxically, however, what remains
of nature can no longer be
experienced without cultural
intervention. We can always
act by buying land for conser-
vation, as the Dutch Nature
Conservancy continues to do,
but is this enough? A much
more important challenge is
to change human behaviour;
by raising awareness of both
the power and vulnerability of
nature through different media,
including the, at first glance,
dichotomous medium of
building.

architect de architectengroep
design Bjarne Mastenbroek
assistants Geert Vennix, Alexandra
Bonazzi, Willmar Groenendijk,
Mark Sloof Pien Linssen, Michael Davis
client vereniging Natuurmonumenten,
's-Gravezand
contractor BAM, Arnhem
3D modelling Ingenieursbureau
Midden Friesland BV
foto collage Mónica Carriço
photography Christian Richters,
Bjarne Mastenbroek

High Tea

*Pabellón Posbank en el Parque
Nacional de Veluwezoom,
Rheden, NL, '98-'02.*

El propósito del proyecto era
convertir este salón de té en
un modelo de eficiencia energética y a su vez mantenerlo
completamente transparente a
su entorno natural. El pabellón
se encuentra tras unas milena-
rias colinas formadas durante
la última era glacial, cuando
la tierra se erigió más de 100
metros sobre el nivel del mar,
una altura nada desdeñable
en el contexto holandés. Desde
la entrada, el suelo se eleva en
una espiral continua en torno a
un grupo de árboles finalizando
en un voladizo de 14 metros.
La construcción requerida se
conforma mediante estructura
de acero y madera maciza de
roble no tratada, ambos elementos optimizados para sus
trabajos de tracción y compresión respectivos. En el punto de
máxima torsión, la estructura
se apoya en una gran morrena.
El edificio enfatiza el valor y
potencial de los recursos natura-
les, y demuestra la potestad de
la naturaleza sobre la civiliza-
ción. Sin embargo, la existente
naturaleza ya no puede expe-
rimentarse más que a través
de la intervención humana. ¿Es
suficiente intervenir mediante la
adquisición de terrenos para la
conservación de la naturaleza
como lo sigue haciendo la Dutch
Nature Conservancy (asociación
holandesa para la conservación
de la naturaleza)? ¿No sería más
fructífero cambiar el comporta-
miento humano enfatizando el
poder y la vulnerabilidad de la
naturaleza a través de diversos
procedimientos, incluyendo el a
primera vista dicotómico recurso de la arquitectura?

arquitecto de architectengroep
diseño Bjarne Mastenbroek
colaboradores Geert Vennix,
Alexandra Bonazzi, Willmar Groenendijk,
Mark Sloof Pien Linssen, Michael Davis
cliente vereniging Natuurmonumenten,
's-Gravezand
contratista BAM, Arnhem
infografías Ingenieursbureau
Midden Friesland BV
fotomontajes Mónica Carriço
fotografía Christian Richters,
Bjarne Mastenbroek

Hide & Seek

*Netherlands Embassy,
Addis Ababa, ETH, '98-'05.*

The compound of the Dutch
Embassy consists of a seven-
hectare wooded site that slopes
steeply towards the city. The
design task was to accommodate a chancellery, an ambassador's residence, a deputy
ambassador's house, three
staff houses, a small school
and a plant room, while
retaining and enhancing the
quality of the site's landscape.
The strict horizontal volume
of the main building cuts into
the hill with the sloping terrain
naturally dividing the building
into two programmatic units:
the ambassador's residence
and the chancellery. Its roof is
constructed as a shallow pool,
an element that combines
the Dutch tradition in water
management and landscape
technology, with the natural
craggy countryside of Ethiopia.
Living and working under this
'waterline' also suggests the
Dutch condition where large
tracts of the land lie below sea
level. The building is visible at
both ends and, as the landscape
slopes gradually upwards, it
disappears temporarily, transforming into a pool among the
eucalyptus trees. While the roof
is strictly horizontal, the interior
corridor undulates, remaining
level with the surrounding
terrain. At certain points along
its length, the landscape punc-
tures the linear volume allowing the landscape to enter the
building.
The other elements of the programme are articulated in a
similarly 'camouflaged' manner;
the gatehouse peeks above the
entrance wall, wrapped in the
colours of the Dutch flag; the
extension to the deputy ambassador's house slides underneath
what is one of the rare historic
stone houses of Addis; the three
staff houses, the school and
plant room are built between
two walls, the north wall of the
compound and a new, parallel
wall offset 20m from it. The
site's steeply sloping relief
allows all three houses a clear
view over the city as the rooftop
of one house is level with the
garden of the next.

architect de architectengroep
design Bjarne Mastenbroek
& Dick van Gameren
assistants Lada Hršak, Willmar
Groenendijk, Jack Hoogeboom,
Jeroen van Mechelen, Matteo Fosso,
Miguel Loos, Michael Davis
client Ministry of Forreign Affairs, DHB
photography Christian Richters

Hide & Seek
*Embajada de Holanda,
Addis Abeba, ETH, '98-'05.*

El emplazamiento del proyecto, un boscoso terreno de 7 hectáreas, se extiende en considerable pendiente hacia la ciudad de Addis.
El encargo, consistente en varios volúmenes en los que se alberga la cancillería, las residencias del embajador y el embajador adjunto, tres viviendas para el personal, una pequeña escuela y un area técnica, desea preservar y enfatizar la extraordinaria calidad del paisaje circundante.
El estricto volumen horizontal del edificio principal penetra en la colina dividiéndose así en dos unidades programáticas: la residencia del embajador y la cancillería. La cubierta culmina en una lámina de agua combinando mediante este elemento la tradicional gestión holandesa del agua y tecnología paisajística con el escarpado paisaje rural de Etiopía. Vivir y trabajar bajo el agua nos induce indudablemente a pensar en Holanda, cuyo territorio se encuentra en gran medida bajo el nivel del mar.
El edificio, prominente en sus extremos, comienza a desaparecer a medida que el observador se aleja, transformándose entonces en una lago entre los eucaliptos.
La cubierta por tanto se concibe como un elemento estrictamente horizontal, mientas que por el contrario, el corredor interior se pliega, adaptándose al nivel del terreno adyacente. Mediante sucesivos cortes en el volumen lineal, se consigue una incisión de la naturaleza en el edificio.
La disposición de los elementos restantes del programa se organiza siguiendo los mismos principios de respeto y mimetismo con el entorno: el edificio de recepción asoma tímidamente por encima del muro de entrada, envuelto en los colores de la bandera holandesa; la amplia-

ción de la casa del embajador adjunto se desliza bajo una excepcional pétrea vivienda de notorio valor histórico de Addis, y las tres unidades para el personal, la escuela y el área técnica se proyectan entre dos muros: el cierre norte del complejo, y un muro de nueva creación, paralelo al preexistente, y distanciado de él 20 metros. El escarpado relieve del terreno, permite una disposición escalonada de las viviendas en las que la cubierta de una conforma el jardín de la superior consiguiendo dotarlas a cada una de ellas de esta forma de una magnífica vista sobre la ciudad.

arquitecto de architectengroep
diseño Bjarne Mastenbroek & Dick van Gameren
colaboradores Lada Hršak, Willmar Groenendijk, Jack Hoogeboom, Jeroen van Mechelen, Matteo Fosso, Miguel Loos, Michael Davis
cliente Ministry of Forreign Affairs, DHB
fotografía Christian Richters

Re-arrange
Residential development on an island, Floriande, Hoofddorp, NL, '99-'05.

This is the seventh in a series of 12 contiguous islands that form the new VINEX location of Floriande, adjacent to Hoofddorp. The task was to design an island with its own recognisable identity. To achieve this, the size of the island was firstly reduced, to create wider waterways along its edges, and its corners were rounded off. This had the added effect of enhancing the relationship between the island and the surrounding water. Secondly, all unassigned plots of various uses were itemised and clustered together in a centrally located open space ('village green'), without any specifically assigned function. Thus, roads, verges, planted areas, playgrounds and left-over spaces were removed allowing the gardens to extend to the water's edge.
This reordering or redistribution of land has resulted in the creation of a large rectilinear space, 42m by 400m, flanked on its long sides by residential buildings. This 'village green' is planted with 400 maple trees acquired at the commencement of the project and allowed to grow for four years before being relocated on site.
The houses with a southerly orientation have gardens 30m deep, with a waterfront, while the gardens of the north facing houses are 100m long. These were subsequently subdivided into plots and accessed by driveways, giving the island an extremely compact organisation. In this part of the development, timber-framed houses were constructed for the low and middle-price sectors. The primary advantage of this

method of building is the high level of prefabrication and therefore, the much shorter on-site construction time. Each week four dwellings were assembled and closed to the elements.
By parking cars under a 5m overhang (below the bedrooms), their visual impact on the island is greatly reduced. Furthermore, all storage spaces are located inside the individual dwellings. The redistribution of land has led to an increased plot size of 20%. In the average VINEX neighbourhood, the street width, and therefore the extent of one's view, is usually 15 to 20m while to the rear the view is often restricted to the shed at the end of the garden (approximately 8 to 12m). In this scheme the reorganisation strategy was not specifically intended to give the island its clear identity, but rather to make these oppressive dimensions more generous.

architect SeARCH
designteam Bjarne Mastenbroek, Ad Bogerman, Ton Gilissen, Iwan Hameleers
assistants Thomas van Schaick, Ralph Doggen, Remco Wieringa, Nienke Bouwhuis, Pascal Bemelmans, Victor Ackerman, Miguel Loos, Lada Hršak
client AM Wonen BV
contractor BAM Wilma BV
photography Jeroen Musch, SeARCH

Re-arrange

Complejo residencial en una
isla, Floriande, Hoofddorp,
NL, '99-'05.

Esta es la séptima de una serie
de doce islas contiguas en la
nueva área VINEX en los már-
genes de Hoofddorp. El encargo
consistía en crear una isla con
una identidad propia y reconoci-
ble. Para ello y en primer lugar,
la isla se redujo en dimensiones
y de esto modo se logró circun-
darla de amplios canales. Así,
el perímetro del conjunto se
suaviza optimizándose la relación entre tierra y agua.
En segundo lugar, las parcelas
de usos varios aún sin asignar
se inventariaron y agruparon
para formar un espacio abierto
central sin una función claramente diferenciada. Es decir,
las vías de circulación, las zonas
verdes y las áreas de recreo
desaparecen permitiendo que
los patios de las viviendas se
extiendan hasta el borde del
agua.
Esta reasignación o redistri-
bución trae consigo un gran
espacio central de 42 metros
de ancho por 400 metros de
largo, que actúa como espina
dorsal del proyecto, delimitado
al sur por viviendas con jardines
de 30 m de largo ampliándse
esta longitud hasta 100 m en
su cara norte.
Para este gran espacio central
se adquirirán 400 arces al ini-
ciarse el proyecto, que crecerán
cuatro años en un vivero antes
de ser replantados en su ubica-
ción final.
El acceso a las viviendas se
realiza desde pequeñas rami-
ficaciones derivadas del eje
central dotando a la isla de una
distribución extremadamente
compacta. En esta área de
intervención se erigieron viviendas prefabricadas de madera
para cubrir las necesidades del
sector bajo y medio con la con-

siguiente ventaja de su rápida
ejecución in situ. Cada semana
fueron ensambladas e imper-
meabilizadas cuatro viviendas.
Se plantea un voladizo de cinco
metros en cada vivienda bajo
el que se sitúan los vehículos con el fin de aminorar su
impacto visual en el conjunto.
Además, los espacios destina-
dos a almacén, no se proyectan
como elementos exentos sino
integrados en la volumetría
potenciando también la unidad
del conjunto.
La reparcelación ha incrementado en un 20 % la superficie de
cada terreno y a su vez, mediante esta acción se ha conseguido
crear un complejo residencial de
dimensiones desahogadas aleja-
das de los opresores estándares
de los conjuntos VINEX.

arquitecto SeARCH
equipo de diseño Bjarne Mastenbroek,
Ad Bogerman, Ton Gilissen,
Iwan Hameleers
colaboradores Thomas van Schaick,
Ralph Doggen, Remco Wieringa,
Nienke Bouwhuis, Pascal Bemelmans,
Victor Ackerman, Miguel Loos, Lada Hršak
cliente AM Wonen BV
contratista BAM Wilma BV
fotografía Jeroen Musch, SeARCH

Array & Clear
*Residential development
in a polder, Waterland,
Leidschenveen, NL, '00-'04.*

Following the rejection of an
earlier 1997 proposal, where
every dwelling had a back
garden with water frontage,
a choice was made for a rigid,
orthogonal urban structure of
residential streets with terraced
houses. Once sufficient space
was allocated for the required
number of dwellings, a large
artificial lake was punched into
this regular framework, inter-
rupting the neat rows of houses.
The application of this orthogonal structure begot a regular
framework, creating space for
individual augmentations and
alterations to the houses.
There are four types of dwelling: a terraced house of two
bay widths, an end-of-terrace
version along the perimeter of
the site and an end-of-terrace
dwelling, with two variations,
on the waterfront. Several alternatives were designed for each
typology ranging from an extension on one or two levels
to a complete new storey. The
house owners could assemble
their preferred home, with their
own personal tastes further
expressed by the choice of brick
and enlarged photographs on
the front doors.
These photographs were chosen
by the owners and represented
impressions of their dream
homes. While the developer
was initially unhappy with this
strategy, believing the new
house should represent the
owner's dream home, they had
the sense of humour to go along
with the concept. The photographs show images of castles,
canal-houses, and holiday

homes and illustrate how
dream and reality converge
in this VINEX neighbourhood.

architect de architectengroep
design Bjarne Mastenbroek
assistants Jack Hoogeboom,
Remco van Buuren, Matteo Fosso,
Lada Hršak, Thijs Meijer, Fabian Wallmüller
client vof Heijmans-Trebbe
Vastgoedontwikkeling
contractor Trebbe Bouw West bv
photography Jeroen Musch, SeARCH

Array & Clear

Complejo residencial en un pólder, Waterland, Leidschenveen, NL, '00-'04.

Después de haber sido desestimada una propuesta datada en 1997, basada en la prolongación de las viviendas hasta el borde del agua, se optó por una estructura urbana rígida y ortogonal de calles residenciales con viviendas adosadas interrumpida con la incorporación de un lago artificial en su interior. De este modo, la intervención se caracteriza por una pragmática construcción dando cabida a la adaptación e incorporación de variaciones en cada unidad habitacional.

Dentro de esta trama, se porponen tres tipos de viviendas: una vivienda adosada por ambos costados, de dos crujías de anchura; un segundo tipo, semiadosado, situada en el perímetro del conjunto y un tercer tipo, también semiaislado con algunas variaciones enfrentado al agua. Para cada una ellas, se han proyectado una serie de opciones que varían desde ampliaciones en una o dos plantas hasta la edificación de una planta completa. Así mismo se permitiría a los propietarios de las viviendas decidir el color del revestimiento de fachada y colocar imágenes en el acceso principal logrando con ello la vivienda deseada por cada cliente.

Estas fotografías reflejan lo que cada propietario concibe como "la casa de sus sueños". A pesar de que el constructor no estaba muy contento con esta idea de crear la casa ideal para cada propietario, finalmente tuvo suficiente sentido del humor como para integrar el concepto en el proyecto. Las imágenes elegidas varían desde castillos hasta casas sobre los canales, y casas de veraneo y ejemplifican cómo sueño y realidad conviven en el vecindario VINEX.

arquitecto de architectengroep
diseño Bjarne Mastenbroek
colaboradores Jack Hoogeboom, Remco van Buuren, Matteo Fosso, Lada Hršak, Thijs Meijer, Fabian Wallmüller
cliente vof Heijmans-TrebbeVastgoedontwikkeling
contratista Trebbe Bouw West bv
fotografía Jeroen Musch, SeARCH

Shrink To Fit

'Wolzak' farmhouse extension and renovation, Zutphen, NL, '02-'04.

How can the historical and spatial qualities of an old farmyard, with its various outbuildings, be retained when the new function requires only sufficient space for a family residence? The original brief required the partial demolition of the original T-shaped farmhouse, to be replaced by a small extension. Workspaces and guest-rooms would be located in the adjacent detached barn. The disadvantage of this solution is that the wonderful and spacious organization of farmyard buildings would be reduced to that of a house and shed. Instead of a farmyard or garden with various spatial qualities, the result would have been merely an isolated house on a large lawn.

As current regulations impose limits to the number of dwellings permitted on a particular plot, and extensions are either restricted to a minimum or simply forbidden, we proposed a different strategy. The large volume of the existing farmhouse would remain intact to accommodate the complete new programme. Furthermore, the barn would be retained for future development, possibly to be converted into a swimming pool. As a result, the interesting organisation of the farmyard as a whole remained unaltered. The livestock barn which formed the stem of the traditional T-form farmhouse was replaced by a new skewed volume with a distorted 'pulled and dragged' perspective. This new extension attaches itself precisely to the opening left by the removal of the original barn, thus retaining the T-form. The existing farmhouse and out-buildings are separated programmatically from the new extension. The living accommodation is situated in the existing house with the adjoining part of the extension housing a large open kitchen area. The main entrance is located between the new and existing. The workspace, guest rooms and garden-shed are situated in the second part of the new extension, separated from each other by a conservatory. The load bearing construction of the new building consists of a series of solid prefabricated wooden plates. They define the building's internal finishes and the ambience of the interior. By cladding the roof and elevations with a continuous skin of vertical timber laths, the façades have, simultaneously, the appearance of being open, semi-transparent and closed.

The gable wall of the old barn has been retained, with its large door opening precisely framing a beautiful oak tree. Coincidentally, this wall also obscures the view of a house recently built by the farmer who had retained a small plot of the farm for himself.

architect SeARCH
designteam Bjarne Mastenbroek, Ad Bogerman, Elke Demyttenaere, Remco Wieringa
assistants Nienke Bouwhuis, Gert Jan Machiels, Dagmar Niecke, Geert Vennix, Gert Jan Machiels, Ralph Doggen
client anonymous
constructor BAM utiliteitsbouw Arnhem
photography Christian Richters, Jeroen Musch

Shrink To Fit

Ampliación y rehabilitación de la granja "Wolzak", Zutphen, NL, '02-'04.

¿Cómo preservar las características históricas y cualidades espaciales de una antigua granja junto con su edificación adyacente cuando el nuevo cometido se reduce ahora a la residencia para una familia? El programa requería la demolición parcial de la existente granja en forma de T para suplantarla por un nueva edificación. Los espacios de trabajo y las habitaciones de invitados se situarían en el volumen independiente del granero. La desventaja de esta solución era que la extraordinaria organización del conjunto se reduciría a una vivienda mas un cobertizo.

Debido a las restricciones impuestas por la normativa actual concernientes a la realización de varias viviendas en un terreno y la posterior ampliación o modificación de éstas, aconsejamos al cliente mantener el gran volumen del establo e insertar en él la totalidad del programa.

El granero quedaría intacto en espera de un uso futuro, posiblemente una piscina. Así, la interesante organización de la granja como unidad se mantendría inalterada. El establo que formaba el cuerpo de la granja con su tradicional forma de T, sera reemplazado por un nuevo prisma de sesgada volumetría que recuperará la forma tradicional del conjunto.

La granja existente y sus edificios anejos, están separados funcionalmente de la nueva ampliación. El área principal de residencia se localiza en el primitivo volumen, extendiéndose ésta hacia la nueva ampliación para dar lugar a la cocina y entrada, nexo de unión entre lo antiguo y lo nuevo. El estudio, las habitaciones de invitados y el cuarto para las herramientas de jardinería se encuentran en la segunda parte de la ampliación separada ésta de la primera por el invernadero.

El sistema constructivo adoptado se basa en paneles macizos de madera, montados in situ, que al no ser revestidos, forman el acabado de los muros interiores.

Mediante listones verticales de madera se conforma la fachada exterior matizando el grado de transparencia de cada espacio mediante una simple variación en la colocación de estos elementos.

Decidimos conservar el frente del antiguo establo cuya abertura extiende la vista hacia un hermoso roble y paradójicamente oculta la visión de la casa recientemente construida del antiguo propietario de la granja.

arquitecto SeARCH
equipo de diseño Bjarne Mastenbroek, Ad Bogerman, Elke Demyttenaere, Remco Wieringa
colaboradores Nienke Bouwhuis, Gert Jan Machiels, Dagmar Niecke, Geert Vennix, Gert Jan Machiels, Ralph Doggen
cliente anonymous
contratista BAM utiliteitsbouw Arnhem
fotografía Christian Richters, Jeroen Musch

Divide & Conquer

Car-free residential development, Scherf 13, Leidsche Rijn, NL, '00-'06.

The brief for this project prescribed an eight-storey apartment complex ('boomerang') adjacent to a park. Behind it, a green residential area of reduced traffic flow would be created ('residential park') containing a central parking zone for 100 cars. It was evident to us that, in similar realised projects in Leidsche Rijn, the contrast between high-rise and single-family dwellings was simply too great. Furthermore, the presence of a parking zone in a car-free neighbourhood was difficult to reconcile.

By cutting the eight-storey 'boomerang' in two and placing the parts side-by-side, the capacity of the garage underneath was doubled. This enabled the parking zone planned for the centre of the project to be shifted underneath the apartments, and a practically car-free environment in the residential park was achieved. The space between the two linear volumes of the 'boomerang,' and above the garage, was then used to create an open courtyard. A vehicular access road loops through the 'residential park', beginning and ending in the garage where parking space for the whole development is located. The garage therefore becomes an integral component of the plan for the residents of the park and 'boomerang' alike.

By organising the project in this way, an improved relationship between the two elements of the project, and their different housing typologies, is created. The height of the apartment block is halved so it no longer screens the sun from the park dwellings. Furthermore, the residents in the park area enjoy the advantages of a practically car-free neighbourhood yet still have the use of two covered parking spaces in the garage.

architect SeARCH
designteam Bjarne Mastenbroek, Ad Bogerman, Ton Gilissen, Kathrin Hanf, Jack Hoogeboom, Uda Visser
assistants Ralph Doggen, Pascal Bemelmans, Iwan Hameleers, Gert Jan Machiels, Thijs Meijer, Takeshi Mukai, Thomas van Schaick, Remco Wieringa, Miguel Loos, Matteo Fosso, Mark Sloof, Bastiaan Vlierboom, Mohib Abrari, Tobia Ruiter, Arjan van Helvoort, Jan van Beek, Alan Lam, Emily Ravenscroft
client BPF Bouwinvest bv
contractor Slokker Bouwgroep bv Apeldoorn
renderings DK 3D
photography Jeroen Musch, SeARCH

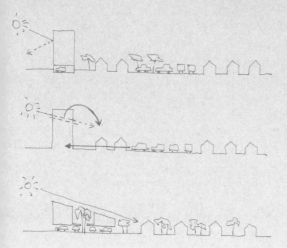

Divide & Conquer

Complejo residencial sin circulación rodada, Scherf 13, Leidsche Rijn, NL, '00-'06.

El encargo previsto para este vecindario consistía en un complejo de apartamentos "boomerang" de ocho alturas adyacente a un parque y detrás de él un area residencial ("parque residencial") de tráfico viario restringido, dotado de un aparcamiento central para 100 vehículos.

Era evidente percibir en otros complejos similares a este situados en el área de Leidsche Rijn, el excesivo contraste entre edificación en altura y viviendas unifamiliares. Además, la idea de situar un aparcamiento en el centro del emplazamiento nos parecía irreconciliable con una propuesta de tráfico viario restringido. Por ello, dividimos el boomerang en dos volúmenes y los desplazamos hasta los extremos del solar, de manera que conseguimos tanto la optimización de la conexión con el "parque residencial" como la duplicación de la capacidad de estacionamiento. Colocando las plazas de aparcamiento bajo la edificación se consigue reducir al máximo el impacto visual del tráfico rodado ya únicamente perceptible por la inserción de un vía rodada que discurre a lo largo del parque. Concebir el proyecto de esta manera, permite tanto un acercamiento entre las dos tipologías residenciales como la erradicación de áreas de escaso asoleamiento al haberse reducido la altura de la edificación a la mitad. Sus residentes disfrutan de las ventajas de un vecindario de tráfico restringido y a su vez puenden hacer uso de dos aparcamientos cubiertos.

arquitecto SeARCH
equipo de diseño Bjarne Mastenbroek, Ad Bogerman, Ton Gilissen, Kathrin Hanf, Jack Hoogeboom, Uda Visser
colaboradores Ralph Doggen, Pascal Bemelmans, Iwan Hameleers, Gert Jan Machiels, Thijs Meijer, Takeshi Mukai, Thomas van Schaick, Remco Wieringa, Miguel Loos, Matteo Fosso, Mark Sloof, Bastiaan Vlierboom, Mohib Abrari, Tobia Ruiter, Arjan van Helvoort, Jan van Beek, Alan Lam, Emily Ravenscroft
cliente BPF Bouwinvest bv
contratista Slokker Bouwgroep bv Apeldoorn
infografías DK 3D
fotografía Jeroen Musch, SeARCH

Morph

Retail complex with apartments, Blok 5, Almere, NL, '00-'06.

Almere is barely 30 years old and is the fastest growing town in The Netherlands. There has always been a lack of a 'classic centre' and this absence needed to be addressed urgently. The plan for Almere's new centre, designed by O.M.A. (Rem Koolhaas and Floris Alkemade), consists of a cambered ground plane on which a series of large scale buildings are placed closely together. The configuration suggests Nolli's famous maps of Rome. While these maps represent more than a millennium of concentrated history, Almere's layout is defined by first generation buildings that will, in all probability, be replaced within 25 to 50 years. Due to economic fluctuations, the components of Blok 5's original programme have been frequently changed, switched or moved necessitating a series of different proposals. In this final scheme, a high rise block is located on the banks of the Weerwater, the lake beside which the new town centre is located. This tower consists of a rectilinear planned apartment block placed above a trapezium-shaped base that contains a Grand Café. These two contrasting volumes are morphed together to form one continuous buiding. At the other end of the site, a shopping 'warehouse' bridges over a new internal street. The main shopping thoroughfare of the Diagonaal links the two. While the long stretch of this street is subdivided into individual units, the flowing shop fronts and torqued surfaces of the elevations unite the long façade. What is fascinating in this project, is that the associated commercial parties have been pressured into an organisational 'straight jacket' by the progressive O.M.A..The design process can be seen as an example of a new 'experiment' in the contemporary work practises of commercial developers. Rather than addressing a concrete task or programme, a more fluid trial and error mechanism is combined with a continual process of fine tuning. This process demands a radically different relationship with, and approach from the architect.
A next step in this design method mirrors the Asian (and British) design model, whereby state and local authority involvement in initiating and leading development is reduced. In this case, several

architects work simultaneously and independently on a project with ideas contributing to the greater good selected for further exploration. In other words, those that are most comercially attractive. The total appearing more than the sum of its parts.

first design Mastenbroek
& Dick van Gameren
second design, under construction
SeARCH
designteam Bjarne Mastenbroek,
Ad Bogerman, Uda Visser
assistants Lok Jansen, Marijn Mees,
Pascal Bemelmans, Karlo Thornbury,
Dagmar Niecke, Geert Vennix,
Fabian Wurmli, Gert Jan Machiels,
Ingrid Kuijk, Thijs Meijer, Claudia Dorner,
Elke Demyttenaere, Takeshi Mukai,
Ahmed El-Shafel, Levent Kerimol,
Markus Wesselmann
client Almere Hart CV
contractor Dura Vermeer Bouw
Hengelo BV
photography Jeroen Musch

Morph

Complejo comercial y apartamentos, Blok 5, Almere, NL, '00-'06.

El nuevo plan urbanístico para el centro de Almere, diseñado por O.M.A. (Rem Koolhaas y Floris Alkemade) consiste en un plano combado del que surgen unos grandes volúmenes, como si de icebergs se tratara. La disposición evoca los mapas de Roma de Nolli. Mientras éstos representan mas de un milenio de densa historia, la disposición de Almere ha sido definida por su primera y joven generación de edificios, que con toda seguridad, será reemplazada por nuevas edificaciones en un plazo de 25 a 50 años. Almere apenas cuenta con 30 años de existencia y es la ciudad de Holanda con el índice de crecimiento urbano más elevado. Una de las consecuencias de este crecimiento es la ausencia de un centro "clásico". Este fenómeno fue inevitable, pero ha de ser atendido cuanto antes. Lo fascinante de este ejemplo, es como el poder de los promotores de este proyecto ha sido reducido frente a la progresiva actuación de O.M.A.
Debido a diversos factores económicos, el contenido del programa original se discutió va-

rias veces, se modificó, y por lo tanto fueron necesarias nuevas propuestas. En el "Weerwater", el lago junto al cual se ubica el nuevo centro, se levanta un bloque de apartamentos rectilíneo de gran altura sobre un zócalo de forma trapezoizal en el que se encuentra un Gran Café. Estos dos volúmenes yuxtapuestos, finalmente se unen para conformar un todo. En el otro extremo del solar se dispone una gran superficie de equipamentos comerciales a modo de puente sobre la calle interior.
Fluidas conexiones y alzados con superficies torsionadas fragmentadas por su subdivisión en pequeñas unidades comerciales cohesionan el conjunto y rompen las largas línas del proyecto.
Este proyecto se puede ver como un ejemplo de un experimento en la actual práctica constructiva de iniciativa privada. Más que un progama fijo con tareas claramente definidas, es un proceso de ensayo y error combinado con un continuo proceso de ajuste. Este proceso requiere una relación y un tratamiento totalmente distinto por parte del arquitecto. Un siguiente paso en este método de diseño refleja el modelo de diseño asiático y británico caracterizados por

la escasa involucración del estado y gobierno local en nuevos proyectos de desarrollo. En este caso, varios arquitectos trabajan simultánea e independientemente en el proyecto contribuyendo a un resultado comercial óptimo. La apariencia total más que la suma de sus partes.

proyecto básico Mastenbroek
& Dick van Gameren
proyecto de ejecución, en construcción SeARCH
equipo de diseño Bjarne Mastenbroek,
Ad Bogerman, Uda Visser
colaboradores Lok Jansen, Marijn Mees,
Pascal Bemelmans, Karlo Thornbury,
Dagmar Niecke, Geert Vennix, Fabian
Wurmli, Gert Jan Machiels,
Ingrid Kuijk, Thijs Meijer, Claudia Dorner,
Elke Demyttenaere, Takeshi Mukai,
Ahmed El-Shafel, Levent Kerimol,
Markus Wesselmann
cliente Almere Hart CV
contratista Dura Vermeer Bouw
Hengelo BV
fotografía Jeroen Musch

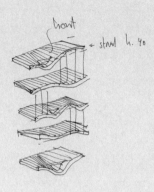

gekronde vlakken
serre
bloemlowk
hwk

Soft Edge

*Three apartments and offices,
Zilverparkkade, Lelystad,
NL, '02-'06.*

Ours was the last and smallest plot to be developed in West-8's masterplan for office and residential accommodation, near the centre of Lelystad. Due to its small scale, the original developer was unable to produce a viable proposal allowing the owner of the neighbouring plot to spot an opportunity. His initial uncertainty concerning this financially problematic project was assuaged when presented with the potential savings of allowing the new 5-storey block to 'parasite' on his own building. By mirroring the floor plan of the adjacent design, the stairs and lift could be used by both buildings (a modification for which we extend our thanks to Pim van de Ven of MEI Architecten). This alteration not only generated sufficient space to accomodate the requirements of the brief but also for the creation of large balconies along the front façade. In an otherwise simple design, these curving balconies became the project's distinguishing features. The

extra space gained enabled the 150m² apartments to fit easily within the building's envelope and the construction of three separate service shafts allowed a huge range of internal layouts. By omitting the stairs and lift, notonly were the construction costs reduced, but the marketable floor area was also increased; less investment and more profits to please the client.
While the balconies appear to be crushed by their neighbours, nothing is further from the truth; the building both leeches and derives its identity from them. While half of the balconies' 30m² was already flat, the client suggested a 'small' modification during the construction phase of the project: to flatten them completely. We refused and convinced him to stick with our original proposal.

architect SeARCH
designteam Bjarne Mastenbroek, Ad Bogerman, Geert Vennix, Thijs Meijer
assistants Takeshi Mukai, Pascal Bemelmans, Pascal Oskam
client Klok Druten Ontwikkeling / Terhorst Vastgoed
contractor Ter Steege Bouwbedrijf BV
photography SeARCH

Soft Edge

*Tres apartamentos y oficinas,
Zilverparkkade, Lelystad,
NL, '02-'06.*

Nuestra parcela era la más reducida y última en realización dentro del plan urbano proyectado por West 8. Debido a su pequeña escala, el promotor inicial no fue capaz de llevar a cabo una propuesta viable, lo que permitió al propietario del solar contiguo aprovechar la oportunidad de construir junto a su propiedad. Su postura escéptica inicial debida a las condiciones económicas del proyecto fue disuadida al mostrarle los beneficios que podría obtener si el nuevo volumen parasitara su edificación.
Con la inversión de la posición del núcleo de comunicaciones del proyecto contiguo, éste podría ser usado por ambas edificaciones (modificación por la que damos las gracias a Pim van de Ven de MEI Architecten). Esta alteración no sólo fue favorable para acomodar los espacios requeridos por el programa sino también para crear amplios balcones de 30m² de superficie a lo largo de la fachada principal. Dentro de

este simple diseño, los balcones conformarían la característica distintiva del proyecto. El espacio ganado mediante esta actuación hace posible que los apartamentos, con una superficie de 150m² encajen fácilmente dentro de la envolvente del edificio. Por otro lado, la separación de los núcleos de ventilación permite un amplio rango de distribuciones de planta.
Lejos de la realidad, la geometría de los balcones lleva a pensar que éstos se encuentran comprimidos por los edificios colindantes. El nuevo edificio tanto parasita ambos como obtiene su identidad de ellos. Aun siendo la mitad del área de los balcones una superficie plana, el cliente sugirió un "pequeño" cambio de última hora: convertir toda esta superficie en un plano horizontal. Nosotros nos negamos y conseguimos que aceptara ceñirse a nuestra propuesta original

arquitecto SeARCH
equipo de diseño Bjarne Mastenbroek, Ad Bogerman, Geert Vennix, Thijs Meijer
colaboradores Takeshi Mukai, Pascal Bemelmans, Pascal Oskam
cliente Klok Druten Ontwikkeling / Terhorst Vastgoed
contratista Ter Steege Bouwbedrijf BV
fotografía SeARCH

Culture Cluster

Museum at site of fireworks explosion, Roombeek, Enschede, NL, '03-'06.

The destruction caused by the fireworks explosion of May 13th 2000 resulted in a number of Enschede's industrial monuments becoming so badly damaged, that evidence of the city's textile history suddenly became scarce. Meanwhile, cultural institutions such as the Textile Museum, the Natural Museum and the Twente History Museum were stagnating due to years of uncertainty about their future. These circumstances led to the decision to construct a new museum, a research centre and several other cultural institutions in the heart of the neighbourhood to be rebuilt. It was additionally decided to retain and restore the complex's warehouse, a remaining factory wall and several other structures even though they were not of any historical or architectural value. The development is thus hemmed in by these existing structures.

It was originally stipulated that an apartment tower should form the centrepiece for the new 'culture cluster'. SeARCH proposed to replace this tower's residential accommodation with the museum's non-public functions, and to make the dwellings ground-connected. In this way the distinguishing feature of the whole development would act as a huge billboard for the museum. Enschede's rich textile history is expressed in the 'woven' form of the tower. The saw-tooth roof form is generated by the still visible profile of the existing factory wall, and transforms into a pedestrian bridge connecting the tower to the warehouse on the opposite side of the 'culture street'. The new building, containing the entrance foyer, work ateliers, temporary exhibition spaces and office functions, is also connected to the warehouse via an underground connection. This subterranean link, and the bridge above, create a loop between the new building, the warehouse and back, negating the necessity to cover the street, and enclose 1000m^2 of inefficient floor space. All functions, including the residential accommodation, can now be accessed from the street. The terrace of ground-connected housing is compressed, resulting in facades that are tall and narrow. In order that each function receives frontage on the 'culture street, 'the entrance hall is similarly squeezed. The apartments situated above the temporary exhibition space escape such treatment, utilising a narrow opening between the existing building and the chimney, to peek out over the park to be built to the north of the site.

architect SeARCH
designteam Bjarne Mastenbroek, Ad Bogerman, Uda Visser, Fabian Wallmüller
assistants Remco Wieringa, Ton Gilissen, Thomas van Schaick, Nolly Vos, Guus Peters, Alan Lam, Alexandra Schmitz, Mónica Carriço, Frisly Colop, Michael Drobnik, Noemi Vos, Wesley Lanckriet, Bert van Diepen
client Gemeente Enschede, DMO
renderings DPI
photography SeARCH

Culture Cluster

Rehabilitación de un antiguo almacén pirotécnico como museo, Roombeek, Enschede, NL, '03-'06

El trágico incendio de un almacén pirotécnico el 13 de mayo de 2003 provocó daños irreparables en una serie de monumentos industriales, despojando a la localidad de Enschede de testimonios históricos sobre su pasado en la industria textil. Al mismo tiempo, instituciones culturales como el Museo Textil, el Museo Natural y el Instituto de la Región de Twente agonizaban debido a la crónica inseguridad de su futuro.

Ambas circunstancias derivaron en la construcción de un nuevo museo, un instituto de investigación y algunas otras instituciones en pleno corazón del área objeto de reconstrucción.

Se decidió conservar y rehabilitar unos espacios de almacén, el muro de una fábrica que había sobrevivido al siniestro y algunas otras estructuras, pese

a su limitado interés histórico y arquitectónico. El proyecto está hilado así por los diferentes volúmenes existentes.
 El plan original concebía la dotación residencial como pieza central del conjunto. SeARCH propuso sin embargo trasladar todas las áreas museísticas de carácter privado a la torre para con ello maximizar el espacio en planta baja de las viviendas.
De esa forma, el elemento prominente del conjunto actuaría como un gran cartel publicitario para el museo.
La torre del complejo, concebida como un gran telar, rememora el pasado textil de Enschede. La cubierta dentada es generada por el todavía existente muro de fábrica. Éste se transforma en un puente peatonal conectando la torre con el almacén al lado opuesto de la "calle cultural".
 La nueva edificación que engloba entrada, espacios de trabajo, salas de exposiciones temporales y espacios de oficinas, forma una unidad in-

dependiente frente al almacén existente uniéndose ambos en un nivel inferior. Así se evita cubrir el área resultante entre los dos cuerpos como se había propuesto inicialmente, lo que habría generado un espacio de casi 1000 m2 difícil de explotar.
 Además de este modo, todas las funciones, incluidas las residenciales, están dotadas de acceso desde la calle.
El conjunto de viviendas adosadas son comprimidas dando como resultado altos y estrechos alzados. El vestíbulo de entrada también resulta deformado para poder dotar a todas las funciones de fachada a la "calle cultural". Los apartamentos situados sobre el espacio de exposiciones temporales, se libran de esta compresión utilizando una estrecha abertura entre le edificio existente y la chimenea y se pronuncian sobre el nuevo parque hacia el lado norte del emplazamiento.

arquitecto SeARCH
equipo de diseño Bjarne Mastenbroek,
Ad Bogerman, Uda Visser,
Fabian Wallmüller
colaboradores Remco Wieringa,
Ton Gilissen, Thomas van Schaick,
Nolly Vos, Guus Peters, Alan Lam,
Alexandra Schmitz, Mónica Carriço,
Frisly Colop, Michael Drobnik, Noemi Vos,
Wesley Lanckriet, Bert van Diepen
cliente Gemeente Enschede, DMO
infografías DPI
fotografía SeARCH

Tower Power

*Tree-top observation platform,
Schovenhorst, Putten,
NL, '04-'06.*

What can a financially under-achieving country estate gain from building an observation tower and a connecting tunnel under the road that splits the park in two? Will it attract the desired 50,000 visitors per year with the associated income, and will this extra income be absorbed by serving these visitors?
The Schovenhorst Estate came into existence in 1848 following the acquisition of wasteland by the industrialist Schober. With a view to forest building, rather than one of protecting nature, he collected conifer seeds worldwide for horticultural experimentation; his idea being that faster-growing coniferous trees could provide a solution to the increasing demand for

wood production. The estate incorporates a small and a large pinetum containing the tallest sequoias in the Netherlands, approximately 43m high. Whereas the American sequoia can reach a height of up to 110m, this is the maximum height that can be achieved in the Dutch sandland with its relatively dry conditions.

The current management originally proposed a raised walkway at tree-top level but soon realised that this would be unattainable with the available budget. Consequently, the concept of a forest tower was mooted. This was envisioned as a condensed route with all the facets of a forest walk, rather than a simple vertical climb. The 'branches' of the tower provide opportunities for different activities and perspective views along the vertical route. On occasion, only the sky, the branches, the ground or a panorama can be seen. At a height of 30m, visitors can enter a net climbing tunnel or a sloping play area. The route is terminated not by the expected panorama platform but, rather, a new part of the forest. From this position further experimentation on conifer growth at elevated heights can take place.

With the underground connection we wished to avoid creating a simple tunnel. The embankments on either side of the pathway become higher and steeper and they 'fold in' in towards each other when passing underneath the road. Rather than joining completely, they stop 4cm short allowing a narrow sliver of light to penetrate the near darkness. One is, thus, never completely underground and remains conscious of the road crossing above.

architect SeARCH
designteam Bjarne Mastenbroek, Ad Bogerman, Elke Demyttenaere, **assistants** Frisly Colop, Ahmed El Shafi Mahmoud, Karlo Thornbury, Markus Wesselmann, Gert Jan Machiels, Wilko de Haan, Thomas van Schaick
client Stichting Schovenhorst

Tower Power
Bosque mirador, Schovenhorst, Putten, NL, '04-'06.

¿Qué puede ganar una subestimada finca rural con la construcción de una torre mirador y un túnel de conexión bajo una carretera que divide el parque en dos? ¿Atraerá a los 50.000 visitantes por año que se han calculado con su consiguiente aportación económica? ¿Se emplearán todos los ingresos en cubrir los gastos de manutención?

La Hacienda Schovenhorst surgió con la compra de terrenos yermos por parte del industrial Schorben en 1848. Con la idea de crear un bosque más que de proteger la naturaleza, recolectó semillas de coníferas llegadas de todo el mundo con fines experimentales. Su idea era proveer al mercado de la creciente demanda de madera de construcción mediante la plantación

de árboles de rápido crecimiento . Esta finca posee tanto un extenso pinedo como uno de pequeño tamaño, y alberga las secuoyas más altas de Holanda, con una longitud aproximada de 43 m, altura máxima alcanzable en este país debido a sus condiciones climatológicas y geotécnicas, no comparable a los 110 metros de las secuoyas americanas.
 El entonces equipo directivo se había planteado ofrecer una ruta elevada a la altura de las copas de las coníferas, pero advirtió su imposible realización debido al ajustado presupuesto. Por ello, el planteamiento de una torre vegetal se sugiere como una ruta condensada con todas las facetas de un paseo en lugar de una escalada.
Las "ramas" de la torre proporcionan diversas perspectivas a lo largo de la ruta vertical. Algunos puntos de ella han sido proyectados para el disfrute

de un único elemento: el aire, las ramas, tal vez el suelo o una panorámica. A una altura de 30 metros, el visitante puede realizar una pequeña escalada antes de continuar la ascensión hasta un pequeño teatro. La culminación del trayecto no es la tan esperada plataforma panorámica, sino un espacio más de esta arboleda desde la que se puede experimentar el crecimiento de la plantación. Planteamos el nexo subterráneo como antítesis a un mero túnel, como derivación del propio terreno. Por ello, los taludes a ambos lados del camino, a medida que se aproximan a la carretera se elevan y convergen hasta plegarse sobre sí mismos para dar lugar a la vía. La pequeña fisura de luz intencionadamente dejada entre ambos planos enfatiza el carácter no subterráneo de la vereda sin por ello olvidar la existencia de un cruce elevado.

arquitecto SeARCH
equipo de diseño Bjarne Mastenbroek, Ad Bogerman, Elke Demyttenaere, *colaboradores* Frisly Colop, Ahmed El Shafi Mahmoud, Karlo Thornbury, Markus Wesselmann, Gert Jan Machiels, Wilko de Haan, Thomas van Schaick *cliente* Stichting Schovenhorst

Platform 12
Kessel-Lo mixed-use complex, Leuven, B, '03-'07-'10

The original competition proposal for connecting the Kessel-Lo neighbourhood with Leuven's train station was developed by the Belgian practice AR+TE. While their plan was financially successful, the urban planning and architectural solutions did not satisfy the conditions stipulated by the Municipality. This led to the search for another party to add extra stimulus to the proposal. For the second phase of the competition, SeARCH was asked to develop an alternative design that complied with the original financial preconditions. Following analysis of the initial plan it appeared that the

programme had been adequately formulated but that the planning of the public spaces was less convincing. As in the project for Blok 5 in Almere, this process became an exercise in the 'baffling world' of commercial property development. Similarly, the scale of the project dictated that no single party's interests could dominate proceedings.

The 75,000m² development includes parking for 900 cars and 2000 bicycles, two hotels with conference facilities, a 2000 capacity nine-screen multiplex, 18,000m² of offices, shops, apartments and other commercial space.

Initially, at an urban planning level, a solution was sought to the crucial connection between the centre of Leuven and the neighbourhood of Kessel-Lo. Currently, pedestrians and cyclists travel via a tunnel under the railway lines, negotiate an 8m climb before crossing the busy Martelarenlaan and descending 3m on the other side. This Gordian knot of a problem was solved by introducing a gradually sloping public space connecting the tunnel to Kessel-Lo under the Martelarenlaan. This proposal's advantage was twofold: the existing tunnel was experienced less as a subterranean link, but flowed out into the public square, and the crossing under the Martelarenlaan was simpler and safer. In addition, by sinking the square 8m below street level, the development gains two floors of commercial space without any increase to the building's height.

This extra commercial space compensates for the expenditure in appropriating existing housing on the site and the construction of the new viaduct. The essence of the project is the interlinking of the urban programme with the surrounding neighbourhood by means of a series of public spaces. The car-parking, bicycle storage, cinema foyers, hotel lobbies and the supermarket further assist in the integration with the public domain.

architect SeARCH i.s.m. AR-TE
designteam SeARCH
Bjarne Mastenbroek, Ad Bogerman, Elke Demyttenaere, David Gianotten, Paul Kuitenbrouwer, Laura Álvarez
designteam AR-TE Dirk D'herde, Kris Loix
assistants SeARCH Karlo Thornbury, Mónica Carriço, Naomi Felder, Ralph Doggen, Geertje van der Klei
client CIP

Platform 12
Kessel-Lo complejo multifuncional, Leuven, B, '03-'07-'10

La propuesta original del concurso para conectar el área de Kessel-Lo con la estación ferroviaria de Leuven fue inicialmente desarrollada por la oficina belga AR+TE. A pesar de que la solución aportada era económicamente correcta, ésta no satisfacía ni las necesidades arquitectónicas ni urbanísticas requeridas por el ayuntamiento, lo que originó la búsqueda de un nuevo socio con el fin de mejorar la propuesta existente. Para la segunda fase del concurso, se le encomendó a SeARCH desarrollar una idea alternativa a la original que a su vez se ajustara a las condi-

ciones económicas iniciales.
De un minucioso estudio de
la propuesta preexistente se
podía concluir que si bien el
programa quedaba satisfactoriamente resuelto , los espacios
públicos no habían sido tratados con suficiente atención.
La propuesta puede ser vista
como un experimento dentro
del "maravilloso mundo" de
las promociones inmobiliarias.
De igual modo la escala del
proyecto provoca que ninguna
de las partes interesadas pueda
controlarlo ni decidir plenamen-
te cómo proceder.
Los 75.000 m² planteados,
incluyen aparcamiento para 900
automóviles y 2000 bicicletas,
dos hoteles con área de con-
gresos, un cine con capacidad
para nueve salas de proyección
y 2000 espectadores, 18.000 m²

de oficinas, apartamentos, tien-
das y otros usos comerciales.
En primer lugar, se buscó a
nivel urbanístico una solución
a la crucial conexión, que discurre bajo las vias del tren,
entre el centro de la ciudad
y el barrio de Kessel-Lo. La
situación actual lleva tanto
a ciclistas como peatones a
ascender una altura de ocho
metros, atravesar la transitada
avenida Martelarenlaan para
luego volver a bajar tres metros.
Este complejo problema se
resolvió creando un espacio
público en ligera pendiente
hacia la ciudad conectando
así el túnel con Kessel-lo bajo
la avenida Martelarenlaan.
La solución propuesta era
doblemente satisfactoria; el
túnel deja de ser interpretado
como una mera conexión subte-

rránea y pasa a ser visto como
un flujo que converge en una
plaza pública, y el cruce bajo la
avenida era más sencillo y
seguro. Además, hundiendo
la plaza ocho metros por debajo
del nivel de rasante, el complejo
gana dos niveles para usos
comerciales sin aumentar la
altura del edificio. Este espacio
comercial adicional compensa
en parte el gasto de expropia-
ción de las viviendas existentes
en el solar, así como la construcción del nuevo viaducto.
En resumen, la esencia del
proyecto es la interrelación
del programa urbanístico
con el vecindario circundante
mediante los espacios públicos.
Los aparcamientos de vehículos
y bicicletas, los accesos a los
multicines, los vestíbulos de
ambos hoteles, así como el

supermercado, funcionan com
elementos de integración del
espacio público.

arquitecto SeARCH i.s.m. AR-TE
equipo de diseño SeARCH
Bjarne Mastenbroek, Ad Bogerman,
Elke Demyttenaere, David Gianotten,
Paul Kuitenbrouwer, Laura Álvarez.
equipo de diseño AR-TE Dirk D'herde,
Kris Loix.
colaboradores SeARCH
Karlo Thornbury, Mónica Carriço,
Naomi Felder, Ralph Doggen,
Geertje van der Klei
cliente CIP

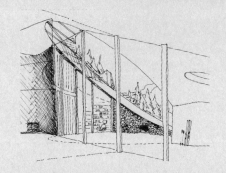

The Hole
Holiday home, Vals, CH, '05-'07.

Shouldn't it be possible to conceal a house in an Alpine slope while still exploiting the wonderful views and allowing light to enter the building? Surprised that it was permissible to construct a pair of dwellings so close to the world famous thermal baths of Vals, the client seized the opportunity to develop the site, without disturbing the bath's expansive views. The introduction of a central patio into the steep incline creates a large façade with considerable potential for window openings. The viewing angle from the building is slightly inclined, giving an even more dramatic view of the strikingly beautiful mountains on the opposite side of the narrow valley.

The Local Authority's well intentioned caution, that unusual modern proposals were generally not favoured, proved unfounded. The planners were pleased that the proposal did not appear 'residential' or impose on the adjacent baths building. The scheme was not perceived as a typical structure but rather an example of pragmatic unobtrusive development in a sensitive location. The placing of the entrance via an old Graubünder barn and an underground tunnel further convinced them that the concept, while slightly absurd, could still be permitted. Switzerland's planning laws dictate that it is only possible to grant a definitive planning permission after a timber model of the building's volume has first been constructed on site. This can then be accurately appraised by the local community and objected to if considered unsuitable. For this proposal, logic prevailed and this part of the process was deemed to be unnecessary.

architect SeARCH
& Christian Müller Architects
designteam Bjarne Mastenbroek,
Christian Müller, Iwan Hameleers
assistants Laura Álvarez, Alexandra
Schmitz, Michal Palej, Daniel Abraha,
Markus Wesselmann, Blazej Kazmierski,
David Strebicki

The Hole

Casa de vacaciones, Vals, CH, '05-'07.

¿Sería posible ocultar una vivienda en la ladera de una montaña en los Alpes sin por ello dejar de disfrutar de las maravillosas vistas ni de la luz natural?
Fascinado por el hecho de poder construir unas viviendas tan próximas a las tan conocidas termas de Vals, el cliente se aferró a la oportunidad de crear un espacio sin interferir en las vistas de los baños. La creación de un patio central sumergido en la falda de la montaña genera una fachada con un gran

potencial para crear aberturas en ella. El pronunciado ángulo de visión desde el edificio proporciona una percepción aún más dramática de las montañas situadas al lado opuesto del estrecho valle.
Las autoridades locales advirtieron que un proyecto de estas característas, moderno y no convencional probablemente sería desestimado. Afortunadamente no fue así.
La comisión de construcción (Consejería de Urbanismo) se mostró muy favorable con la idea de no construir una edificación intrusiva y visible junto a las famosas termas. El proyecto no es considerado así como una

mera vivienda sino como una pragmática solución respetuosa con su localización.
La imperceptible entrada a través de un viejo granero y un paso subterráneo junto a la camuflada vivienda, les convenció de que el concepto, excéntrico a primera vista, podría llevarse a cabo. Las leyes de planeamiento urbano en Suiza obligan a construir in situ una maqueta a tamaño real del volumen del edificio antes de conceder una licencia. De este modo, el proyecto puede ser valorado a fondo por la comunidad local, y en algunos casos, es criticado y rechazado si no se encontrara oportuno. En este caso, la

consecución de esta parte del proceso no se estimó estrictamente necesaria.

arquitecto SeARCH
& Christian Müller Architects
equipo de diseño Bjarne Mastenbroek,
Christian Müller, Iwan Hameleers
colaboradores Laura Álvarez,
Alexandra Schmitz, Michal Palej,
Daniel Abraha, Markus Wesselmann,
Blazej Kazmierski, David Strebicki

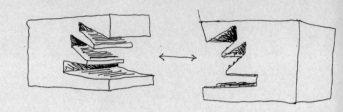

The Void

*Synagogue, Amsterdam,
NL, '05-'07.*

Is true architecture not the design of emptiness; the space between walls, floors and ceilings, between the materials themselves? Does the opposite not lead inevitably to flamboyance and ostentation, to something that aspires to be more than it actually is?
The instable relationship between Judaism and other religions and the dispersal of the Jewish diaspora have hindered the evolution of a recognised architectural style. This contrasts with their strong and self-conscious personal identity. While the identity of a church or a mosque is carved in stone, it is usually conspicuous in its absence with regard to synagogues.
Ceremonial traditions and rituals present few recognisable reference points for a synagogue's physical expression. The enigmatic Jewish identity (nesjomme) with its subtle and complex character must therefore play a significant role in the formation of a design. The positioning of the benches opposite each other and parallel to the axis between the Bimah (preaching seat) and the Ark (depository for the Torah rolls), and the use of bright daylight are the most important starting points.
In this project, a neutral rectilinear 'volume' is formed through the optimally efficient use of both site and budget. The hollowing out of this mass, suggests the 'emptiness' of the great Sjoel, and lends the building its identity. The Sjoel consists of a large central space, with low extensions on either side under two-tiered balconies. The arrangement of these side spaces, the four balconies above them and the central void above the Bimah suggests the Menorah, the seven-armed chandelier. The Menorah (the light) symbolises the burning bush discovered by Moses on Mount Sinai and is the oldest and most important symbol of

Judaism. In the beginning God
created light. Without light there
is no life.

architect SeARCH
designteam Bjarne Mastenbroek,
Uda Visser
assistants Laura Álvarez, Gavin Elliott,
Pedro Carvalho dos Santos
client LJG, Amsterdam

The Void
*Sinagoga, Ámsterdam,
NL, '05-'07*

¿No es la verdadera arquitectura proyectar el vacío; el espacio
entre muros, suelos y cubiertas,
entre los materiales en sí?¿No
conlleva lo contrario inevitable-
mente un ánimo de ostentación
y exuberancia, algo que aspira
ser más de lo que verdadera-
mente es?
La inestable relación entre el
Judaísmo y otras religiones
y la diáspora, han trabado la
evolución de un propio estilo
arquitectónico. Esto contrasta
con su fuerte y consciente
identidad.
Tradiciones y rituales presentan escasos puntos de referencia a la hora de desarrollar el
proceso arquitectónico. El uso
de la luz natural y la disposición de los bancos, enfrentados unos a otros y colocados
paralelos al eje entre el Bimah
(lugar de rezo del rabino) y el
Aron Hskodesj (arca donde se
depositan los rollos de escritu-
ra de la Torá) son los aspectos
más importantes a tener en
cuenta.
Así como la identidad de una
iglesia o una mezquita está for-
jada en la piedra, generalmente
en las sinagogas los llamativo es
la ausencia de características.
El vacío, la enigmática identidad
judía (nesjomme), sutil pero con
un complejo carácter, juega un
papel importante en el proceso
de diseño. Por esta razón, el
proyecto para la nueva sede de
la comunidad liberal judía de
Amsterdam es concebido como
un volumen en negativo.

contrast
binnenkant ⟷ buitenkant

Dentro de un neutro prisma
ortogonal, originado por la
óptima utilización tanto del
terreno como del presupuesto
del proyecto, el vacío del gran
Sjoel otorga al edificio una
identidad. El Sjoel consiste
en un amplio volumen central
con espacios laterales flexibles
de ampliación situados bajo
balcones suspendidos.
Estos dos brazos laterales junto
a los balcones superiores y el
vacío central sobre el Bimah
sugieren el Menorah, candela-
bro judío de siete brazos.

El Menorah (la luz) simboliza la
rama ardiente descubierta por
Moisés en el monte Sinaí y es
el símbolo más antiguo e importante de la comunidad judía.
El primer día Dios creó la luz.
Sin luz no hay vida.

arquitecto SeARCH
equipo de diseño Bjarne Mastenbroek,
Uda Visser
colaboradores Laura Álvarez, Gavin
Elliott, Pedro Carvalho dos Santos
cliente LJG, Amsterdam

Servilleta Y Mantel
COAM headquarters en
municipal facilities,
Madrid, E, '05.

How can traditional urban
forms, such as courtyards, be
transformed into quality public
architecture when they have
been deprived of the qualities
that inspired their creation,
light and air?

Surely now is not the time
to disown these spaces, but
to bring them back to life; to
create new public spaces that
energise and engage with
their surroundings. Without
doubt the historical centre of
Madrid needs greater numbers
of public spaces, zones that
encourage an extensive variety
of activities and relationships
with their surroundings. In this

scheme, the traditional patios are not perceived as originally intended but as new public spaces, generators of movement and linking elements. The scattered courtyards help to unite the façade in one continuous linear movement. Intended as points of confluence, and acting as counterfoils to the narrowness of the adjacent streets, they offer an invitation to explore, augmenting the existing patterns of public use. A collection of independent spaces, free of any specific owner, are placed at the heart of the plan. As new squares, bringing sense and meaning to the framework of gaps from which they are formed, they lend stability to the programme. A series of incisions unites all the voids at ground level and reinforces the concept of movement and diversity. Together with the arrangement of courtyards, these elements help to create greater flexibility within the project, whereby facilities can be organized and distributed as independent vertical units or horizontal surfaces. By experiencing the space and not only visiting it, by discovering it through its passages and courtyards, the project can become a centre of lively activity in the urban landscape of Madrid.

architect SeARCH
designteam Bjarne Mastenbroek, Elke Demyttenaere, Laura Álvarez, Alexandra Schmitz
assistants Wesley Lanckriet, Sang Hoon Youm

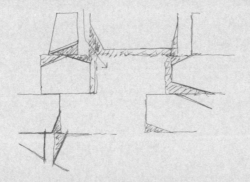

Servilleta Y Mantel

Nueva Sede del COAM y
equipamientos municipales,
Madrid, E, '05.

¿Como podría transformarse una edificación histórica formada por patios privados en arquitectura pública de calidad? Es realmente necesario renunciar a toda pluralidad de espacios para crear un gran espacio público que vitalice y conecte el programa? El casco histórico de Madrid sin lugar a dudas necèsita disponer de espacios públicos, espacios que favorezcan y potencien un amplio espectro de actividades y relaciones. Los patios entendidos como algo público, como generadores de movimiento, como elementos de enlace. Sin renunciar a su carácter original, cambian para vitalizar un espacio de tal modo que reinventan todo el conjunto. Lo estático es abrazado por el entramado de patios conectados entre sí.

Patios desplazados hasta la fachada, en continuo movimiento, con carácter lineal. Usados como puntos de acceso y planteados con el fin de aliviar las estrechas calles adyacentes, invitando a ser transitados. Grandes espacios que se acoplan al uso público existente, ensanchándolo. Patios desplazados hacia el centro que en su conjunto forman una gran espacio central público, mediante el que todos los usos quedan interrelacionados. Representan la estabilidad en el programa. Una nueva plaza que da sentido al entramado de huecos.

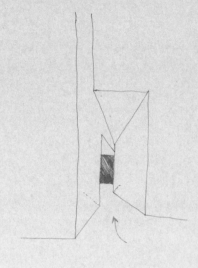

Una serie de cortes que unen todos los vacíos en planta baja, son los motores de la propuesta. Elementos imprescindibles que permiten esa sensación de movimiento, de flexibilidad, de diversidad. Esta nueva disposición de patios genera un gran número de flujos. La antigua configuración, estática, permanente y rotunda, queda superada con la concepción de una actuación pública, permeable y versátil. Planteando todo este mosaico de huecos, se consigue una gran flexibildad a la hora de organizar y distribuir el proyecto, pudiendo resolverse éste tanto en unidades verticales independientes como en superficies horizontales. Experimentar el espacio y no sólo visitarlo, descubrirlo a través de sus cortes y patios harán del proyecto un gran foco de actividad en el espacio urbano madrileño.

arquitecto SeARCH
equipo de diseño Bjarne Mastenbroek, Elke Demyttenaere, Laura Álvarez, Alexandra Schmitz
colaboradores Wesley Lanckriet, Sang Hoon Youm

34	58	162
34	74	176
35	98	194
36	102	200
37	106	204
38	124	214
39	128	220
41	132	224
42	134	226
43	140	244
45	144	252
48	148	258
50	150	262
52	156	226

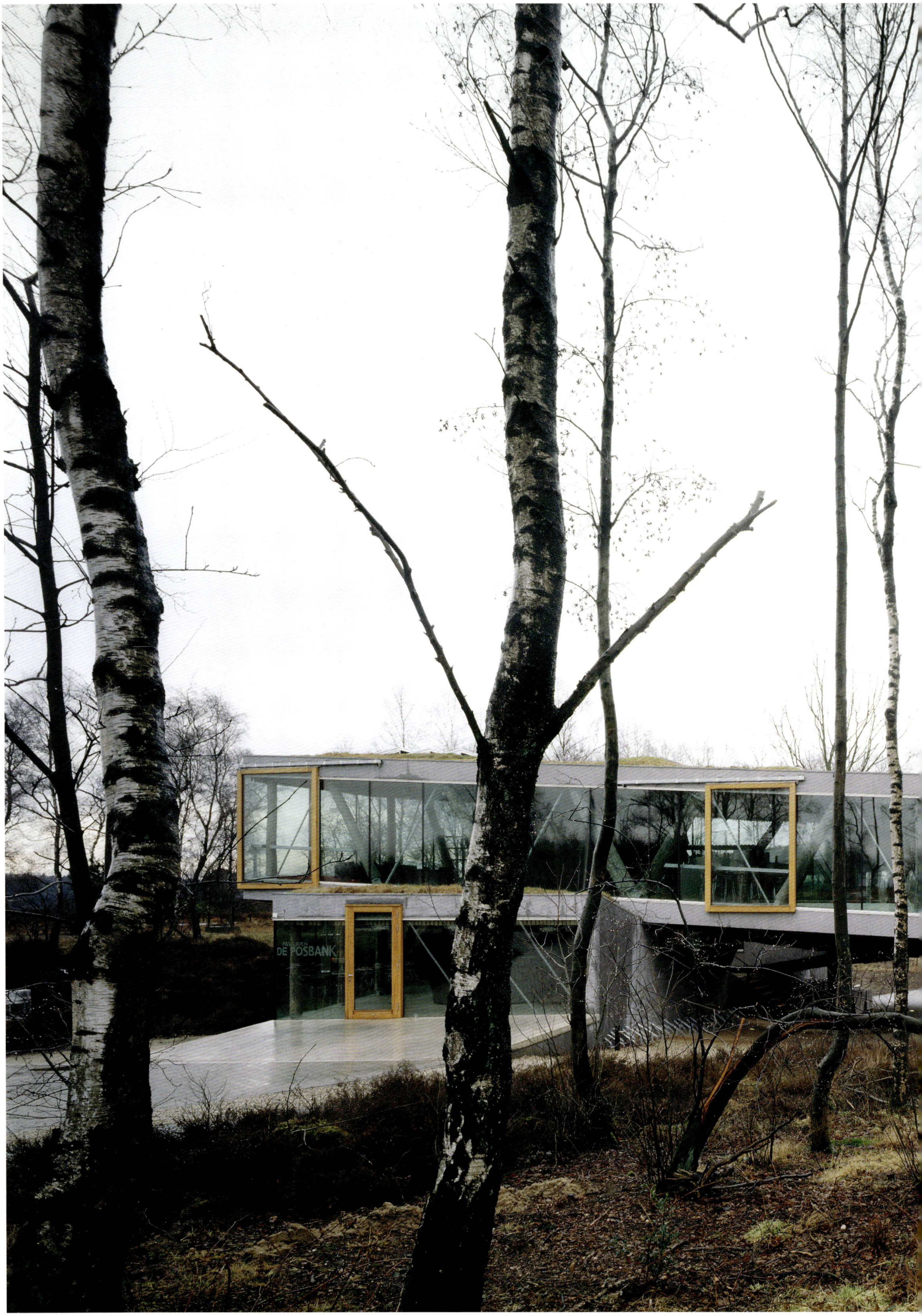
DE POSBANK

> platforms stepped around patio
oak tree

> plataformas escalonadas en torno a
roble en un patio

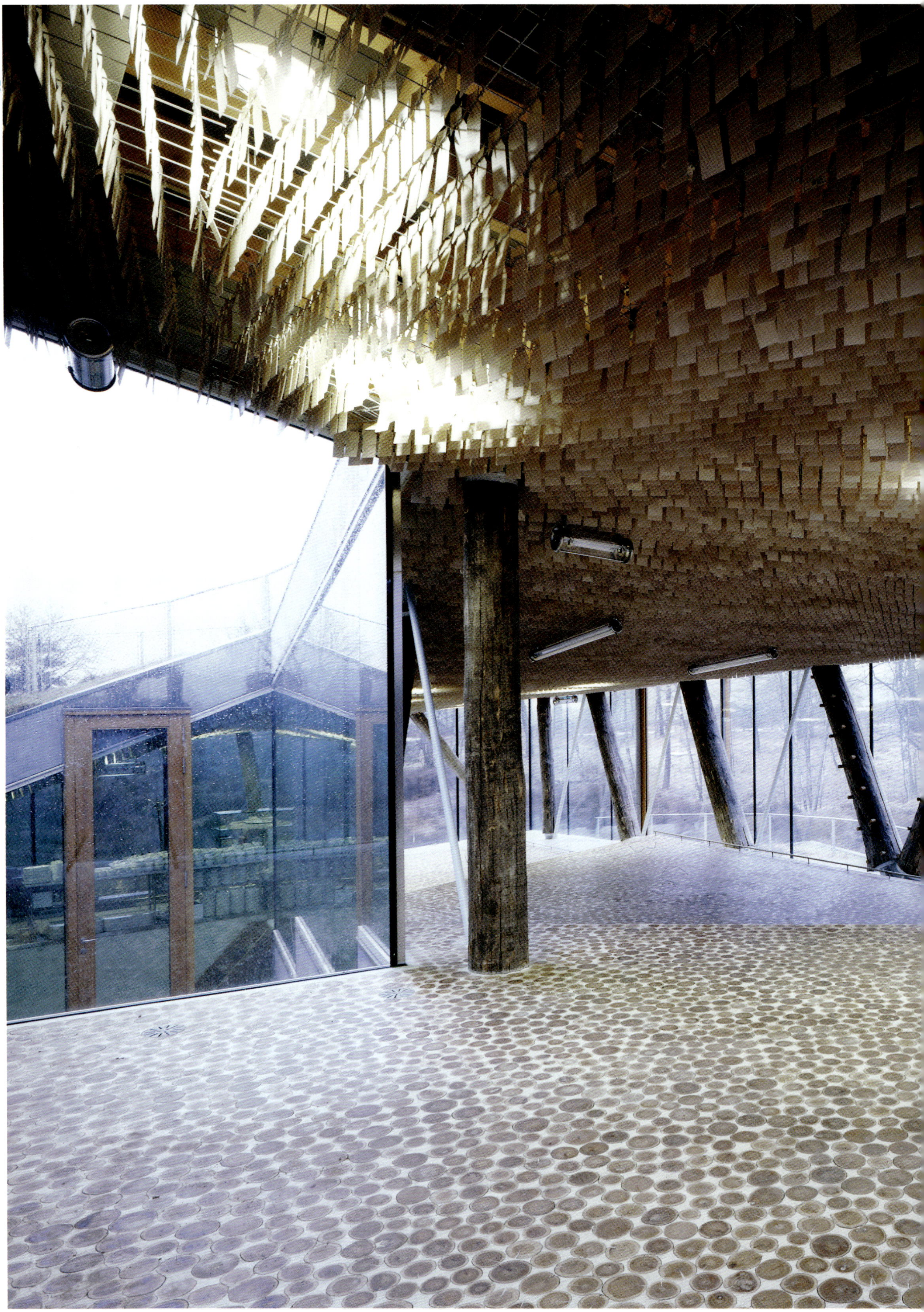

cantilever above cycle path supported
by load bearing boulder

voladizo sobre vía rodada soportado
por morrena

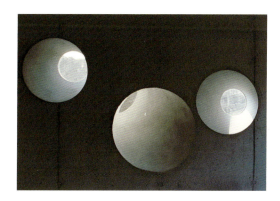

ceiling of fire-retarded birch strips /
acacia flooring bedded in polyurethane
resin / 'meteorite holes' as windows /
water from grass roof collected for toilets /
bathroom wash hand basins / sheep's
wool insulation under cantilever

techo a base de láminas de madera
de abedul con tratamiento ignífugo/
pavimento de madera de acacia
embebida en resina de poliuretano/
ventanas con forma de cráter / agua
proviniente de cubierta jardín recogida
para uso sanitario / lavamanos de aseos /
techo de lana de oveja bajo voladizo

wrap around panorama of spiral 'route architecturale'

vista panorámica de la " promenade architecturale" en forma de espiral

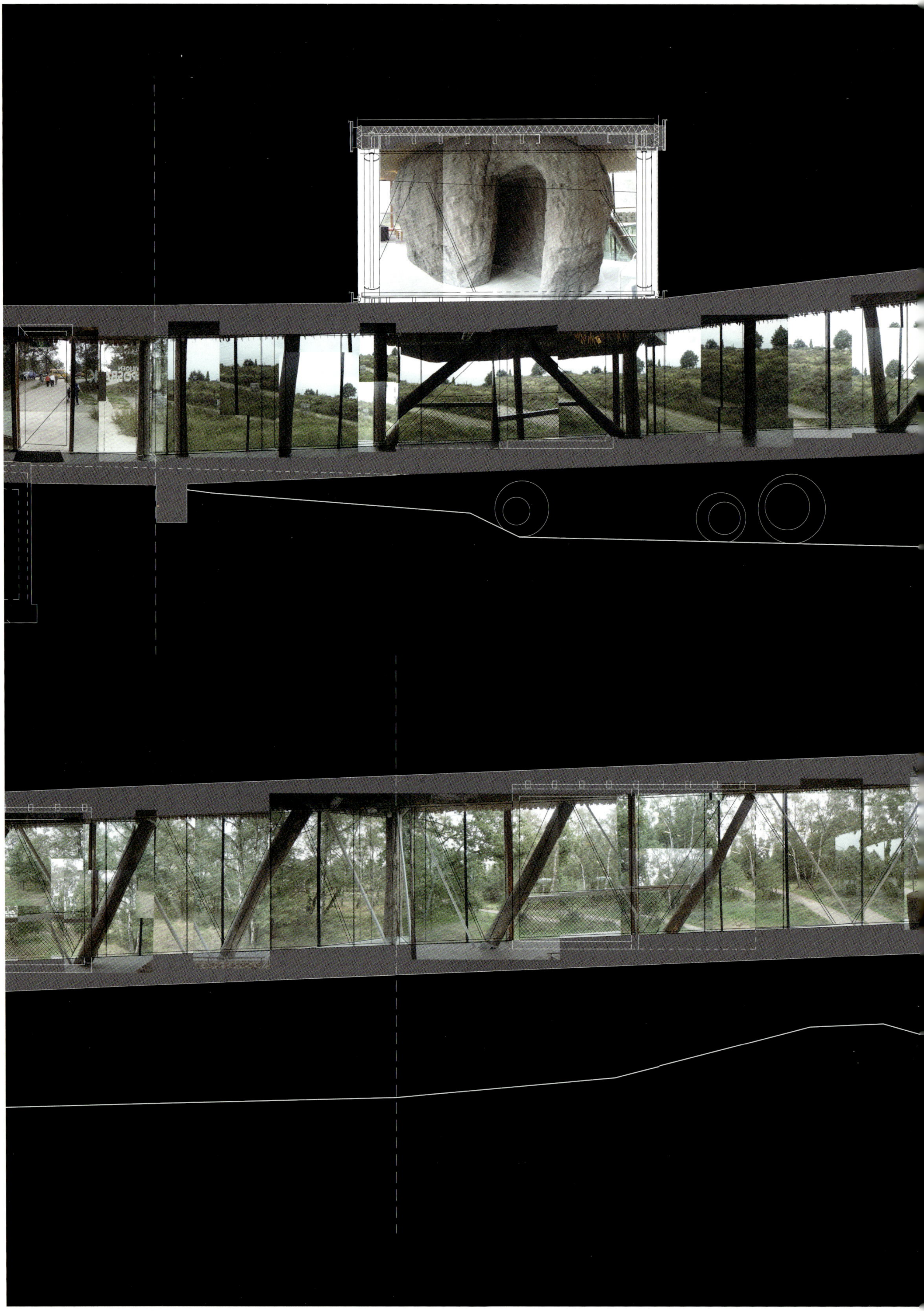

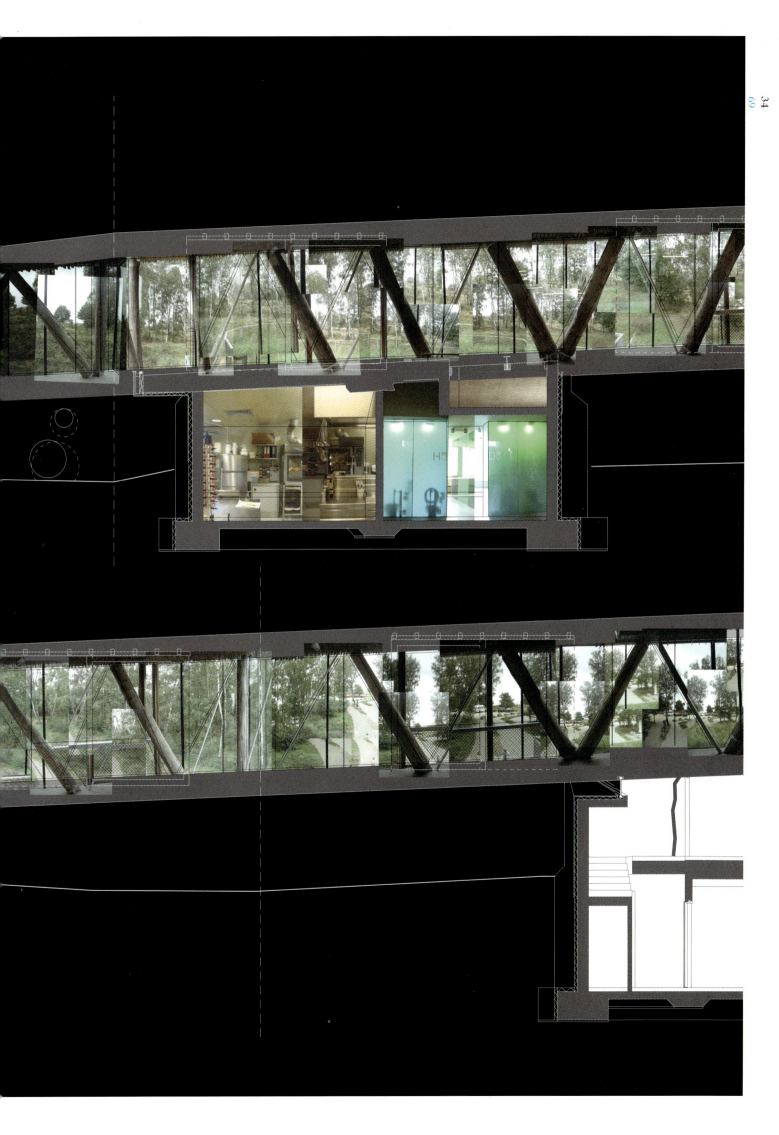

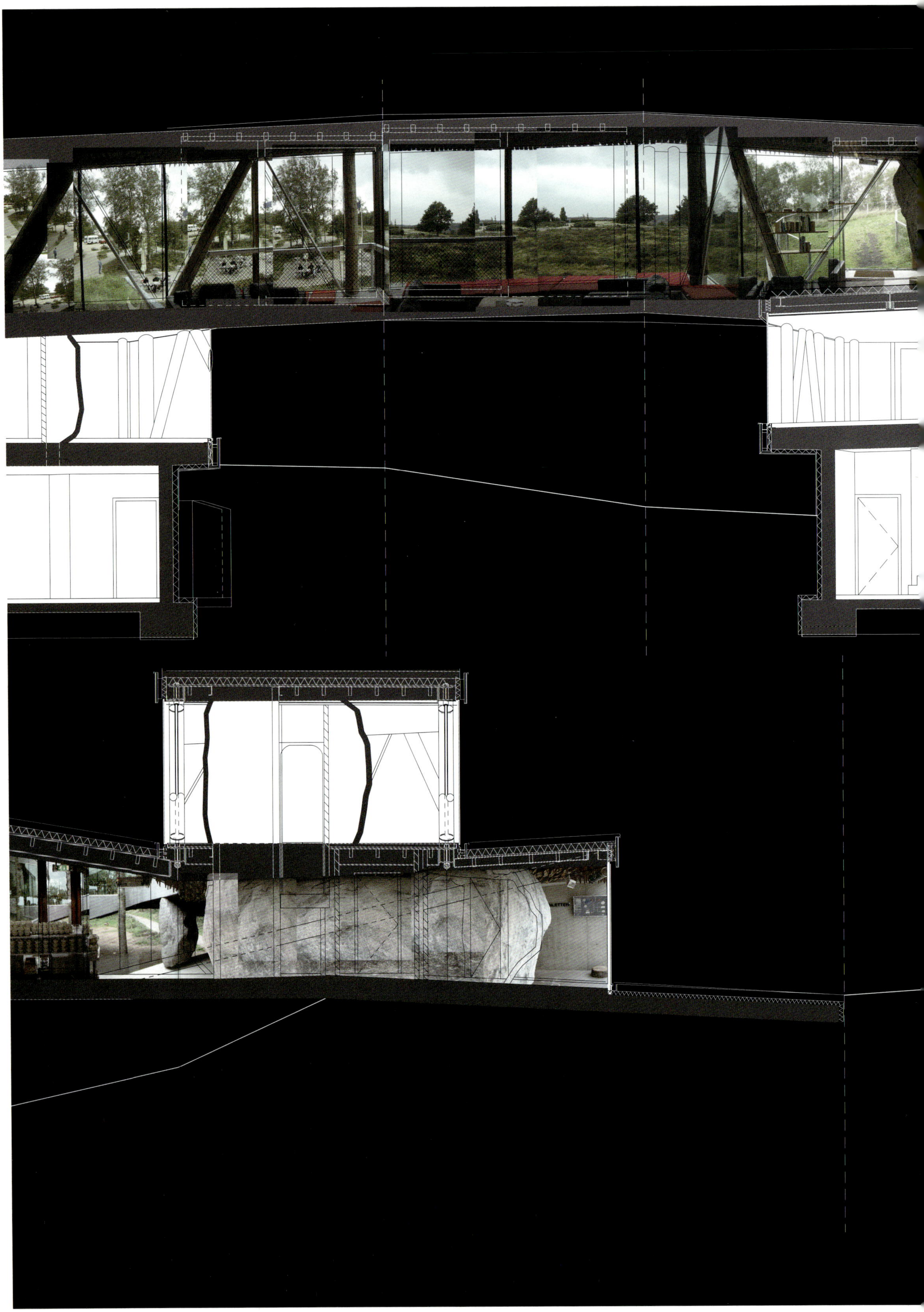

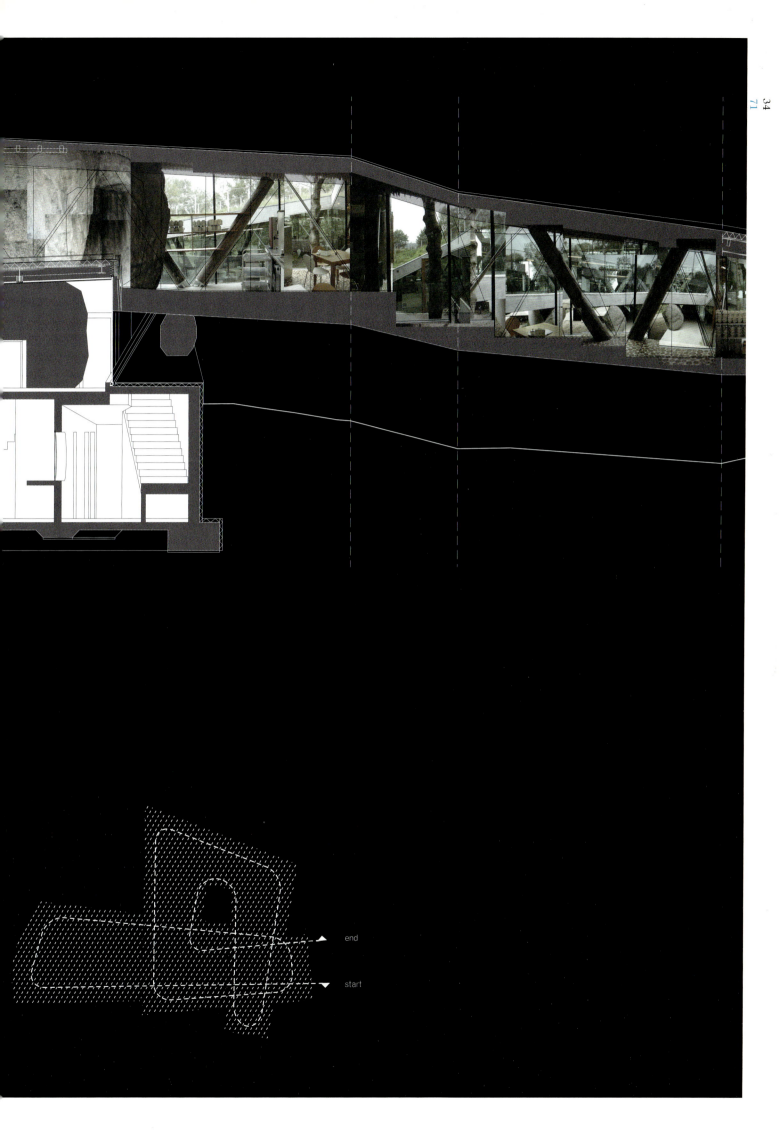

end

start

34
72
162

compound entrance with
gatehouse

entrada del complejo con caseta
de vigilancia

34
75
176

staff houses behind compound's
north wall

viviendas del personal tras muro norte
del complejo

compound gatehouse   caseta de vigilancia

chancellery and residence building   cancillería y residencia del embajador

carport and entrance to
guest residence

pórtico para vehículos y entrada a
residencia de invitados

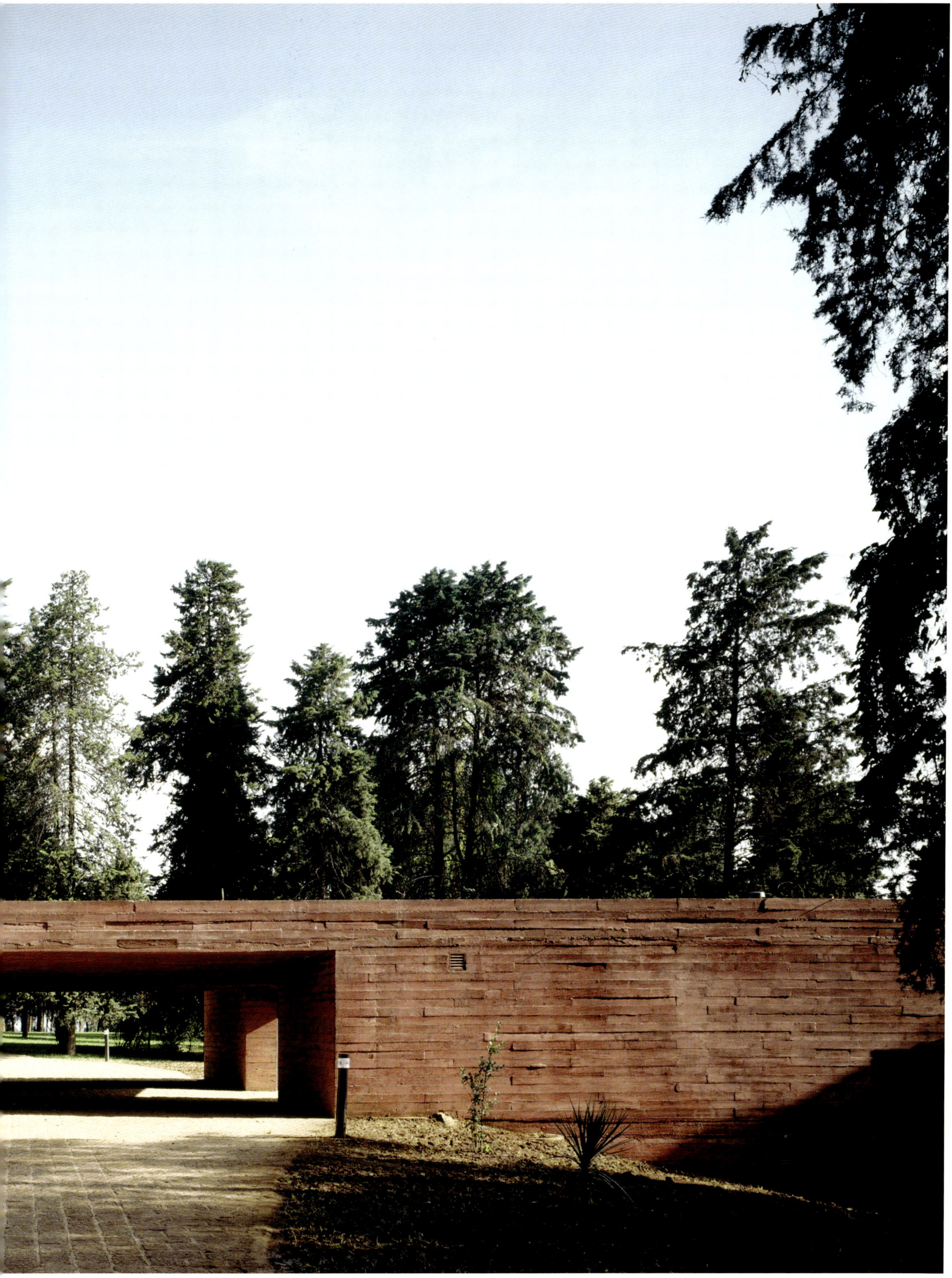

relief on roof of chancellery and residence
building depicting the ethiopian cross and
a model of the dutch landscape

relieve de cubierta del edificio principal
representando cruz etíope y paisaje
holandés

standard window of coloured glass in
front of concrete wall

ventana de vidrio tintado en muro exterior
de hormigón

cantilever above entrance to chancellery   voladizo sobre entrada de la cancillería

private terrace of ambassador's
residence

main hall and dining room of
ambassador's residence

vestíbulo principal y comedor privado en
residencia del embajador

ambassador's private terrace   terraza en área de residencia del embajador

stairway linking carport to roof top pool

escaleras de acceso a cubierta de agua
desde pórtico para vehículos

lounge and dining room of ambassador's
residence

lounge y comedor de la residencia del
embajador

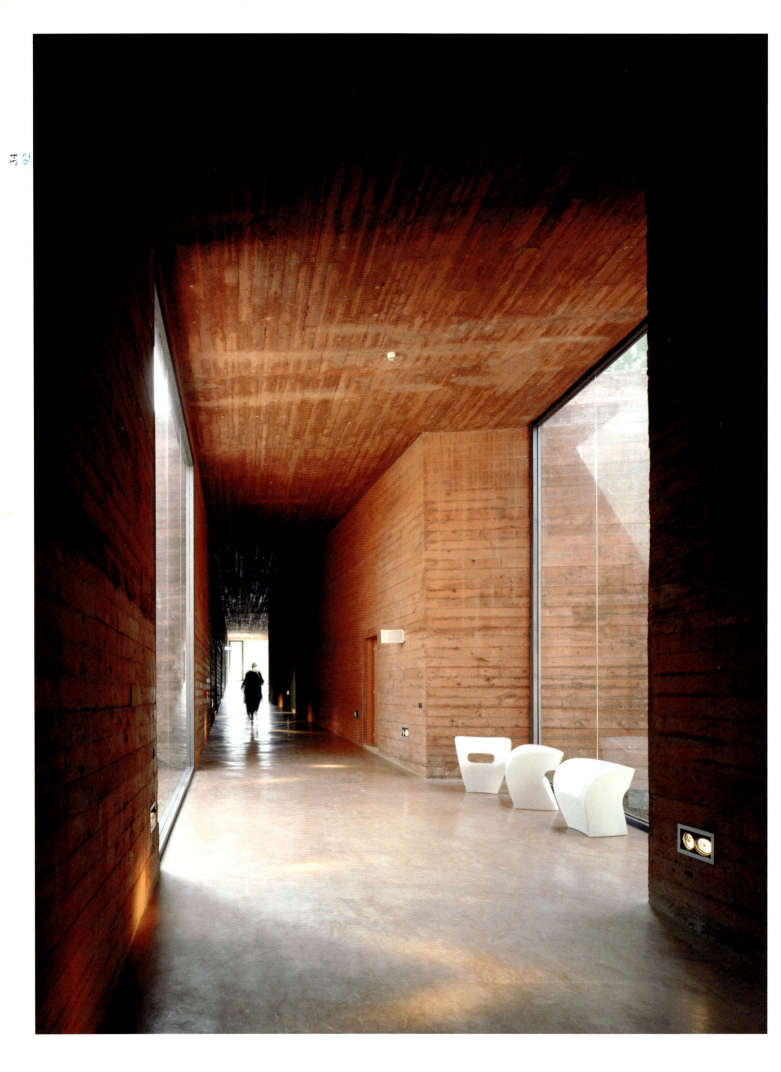

sloping corridor of chancellery building

living room of staff accommodation with
view over valley

área de estar de dependencias del
personal con vistas hacia el valle

original ethiopian stone house rebuilt above
new basement as residence for deputy
ambassador / central hall, at entrance level,
and living room, at garden level, of deputy
ambassador's residence

original casa etíope de piedra rehabilitada
sobre nuevo sótano para residencia del
embajador adjunto / vestíbulo central en
nivel de acceso y área de estar en nivel de
jardín de residencia del embajador adjunto

aerial view showing elongated 'village green', to be planted with 400 maple trees (currently used as contactor's storage)

vista aérea de "franja verde", actualmente usada como almacén por el constructor, que será provista con 400 arces

timber-framed housing adjacent
to 'village green'

viviendas con estructura de madera
adyacentes a la "franja verde"

front doors with photographs of owner's 'dream house'

accesos a las viviendas con fotografías de "la casa de los sueños" de cada propietario

central lake   lago central

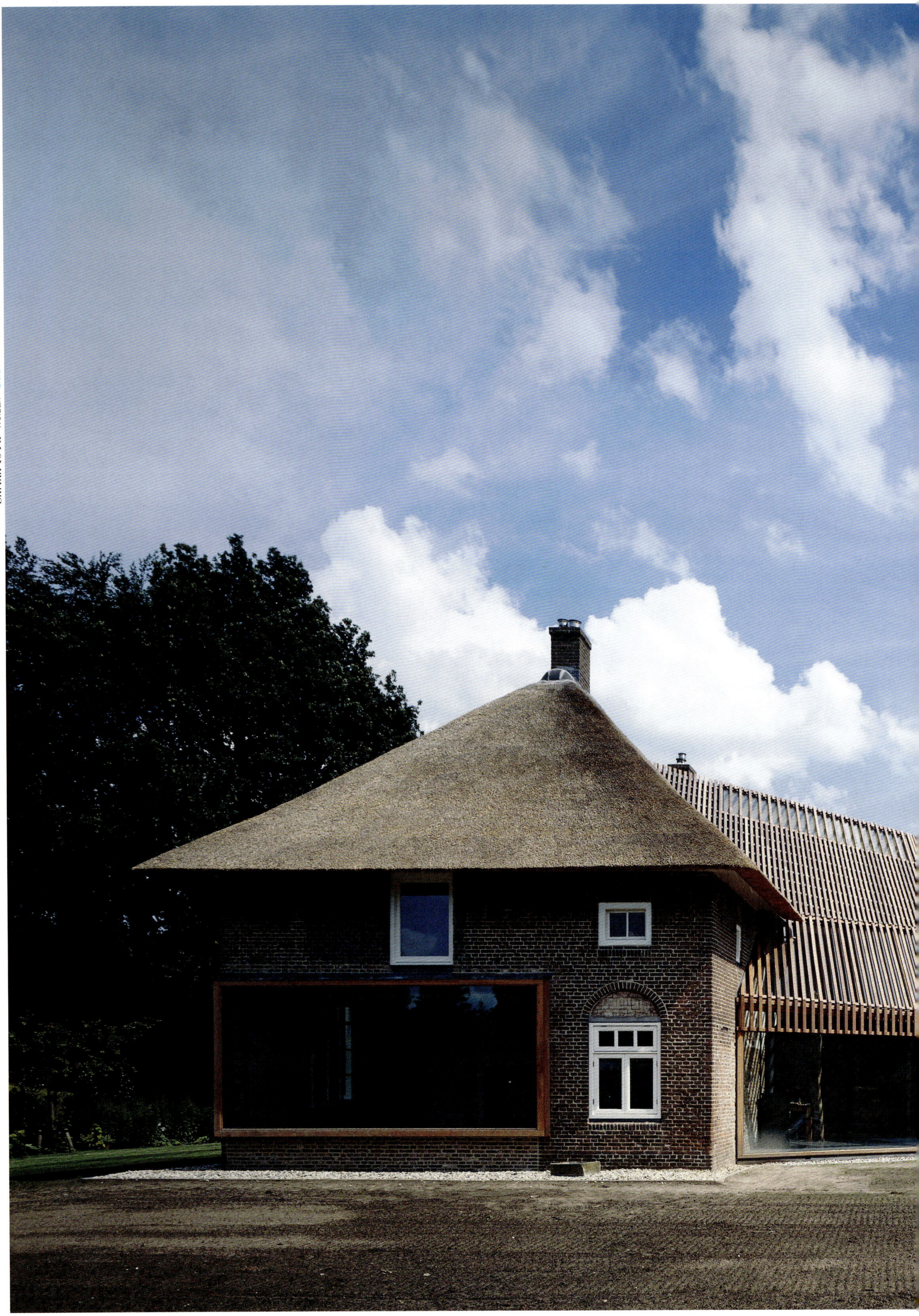

>
retained gable wall of demolished
livestock barn

>
muro sur preexistente y ampliación

south façade of extension   fachada sur de la ampliación

conservatory separating family house
(right) from guest accommodation

invernadero entre vivienda principal
(derecha) y área de invitados y estudio
(izquierda)

conservatory with timber beams salvaged
from demolished livestock barn

invernadero con vigas de madera
provinientes del antiguo establo

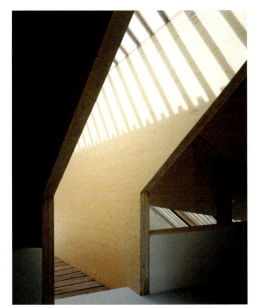

entrance hall connecting extension to
existing house

vestíbulo de entrada articulando
extensión y vivienda existente

lakeside café, apartment tower and
shops of the 'Diagonal'

café junto al lago, torre de apartamentos
y comercios de la "Diagonal"

  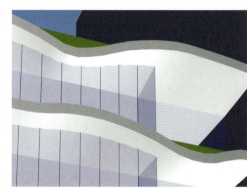

  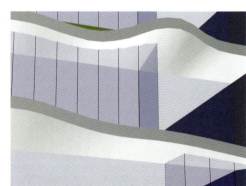

  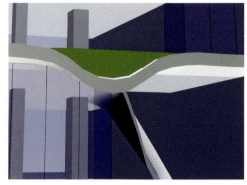

balcony production in steel contractor's
workshop and assembly on site

fabricación de balcones en taller de
acero y montaje de los mismos in situ

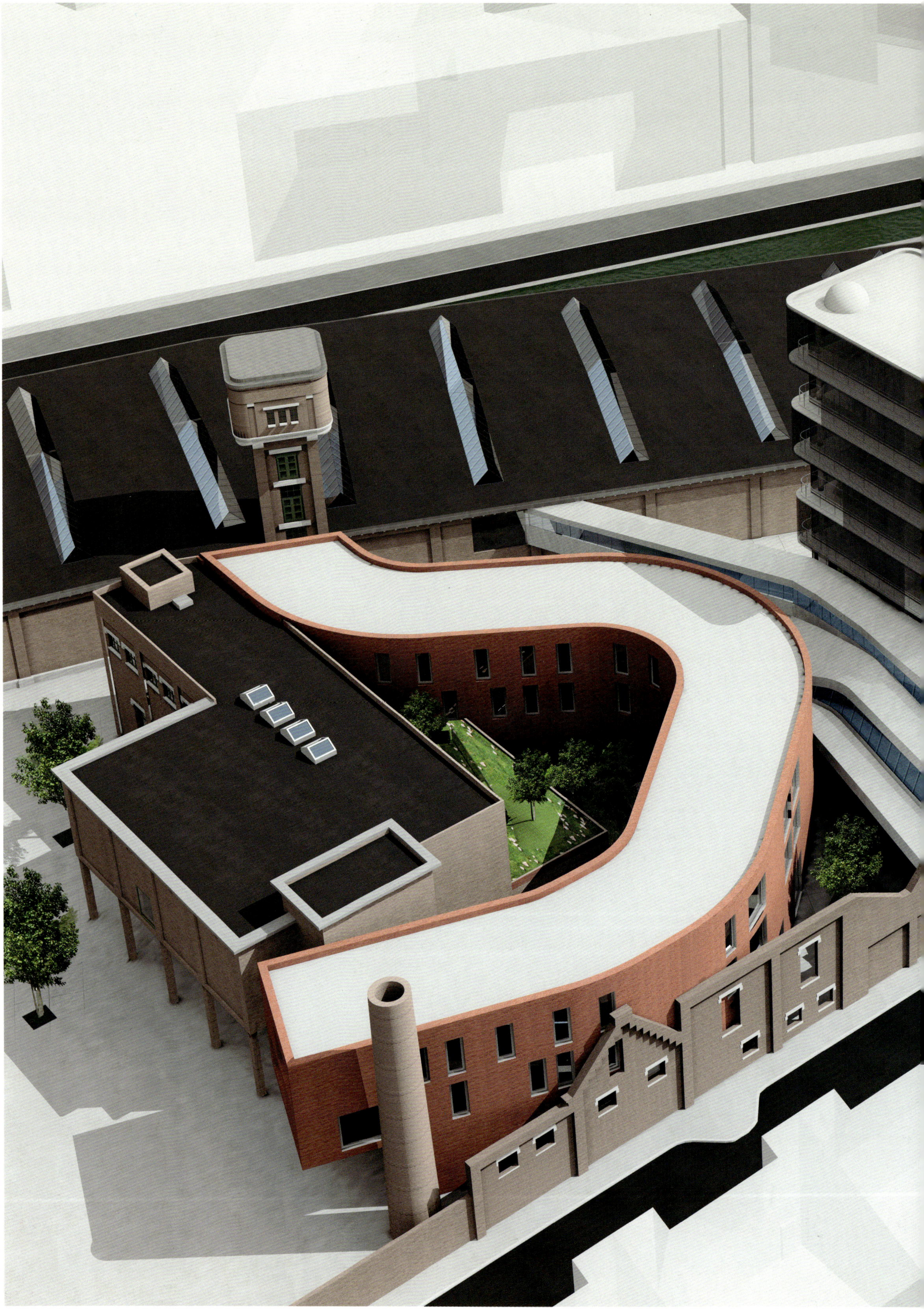

> bridge between museum tower and
exhibition space

> puente entre torre del museo y área
de exposición

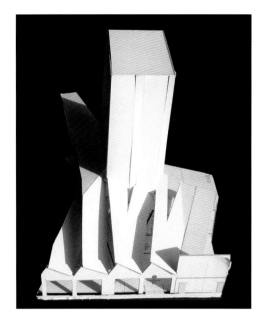 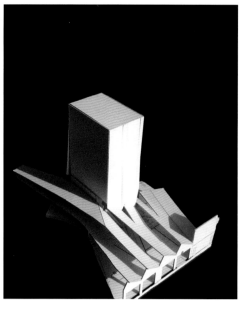 

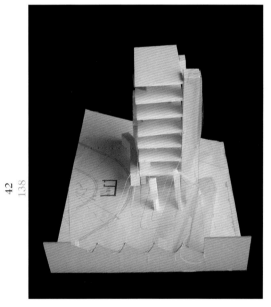 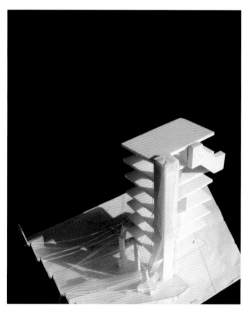 

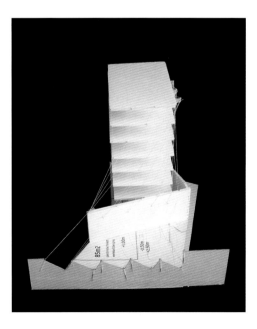 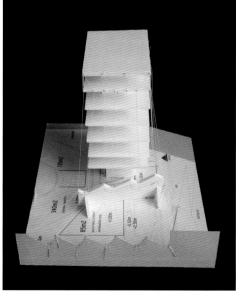 

studies of 'woven' connection between
roof profile and museum tower

estudios formales de la conexión entre
pórticos y torre del museo

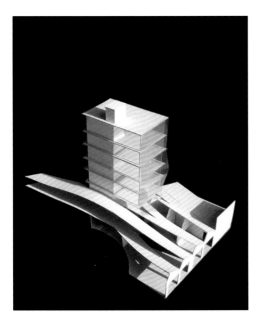
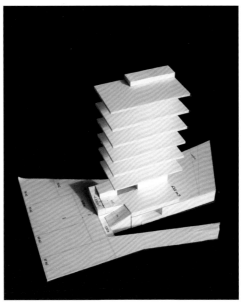
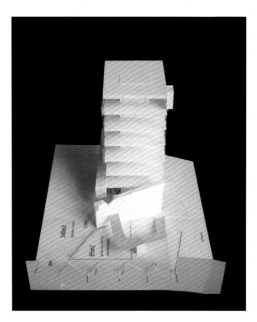

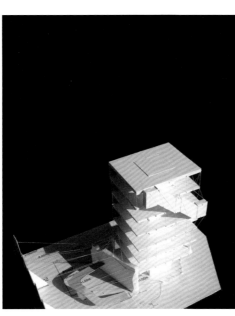
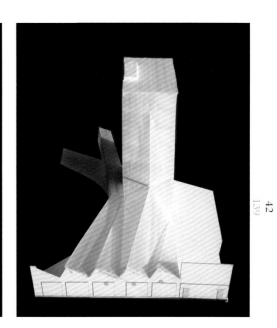
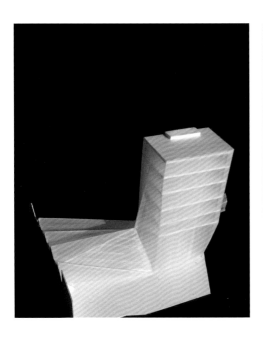
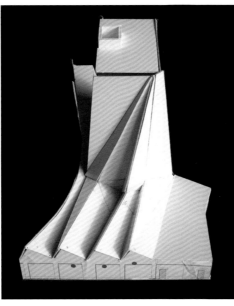
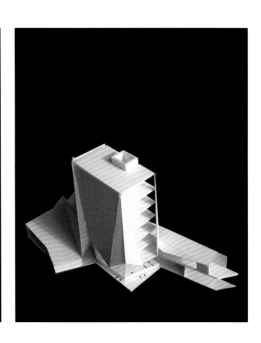

connecting tunnel under road and bicycle lanes

paso subterráneo bajo carretera y carril bici

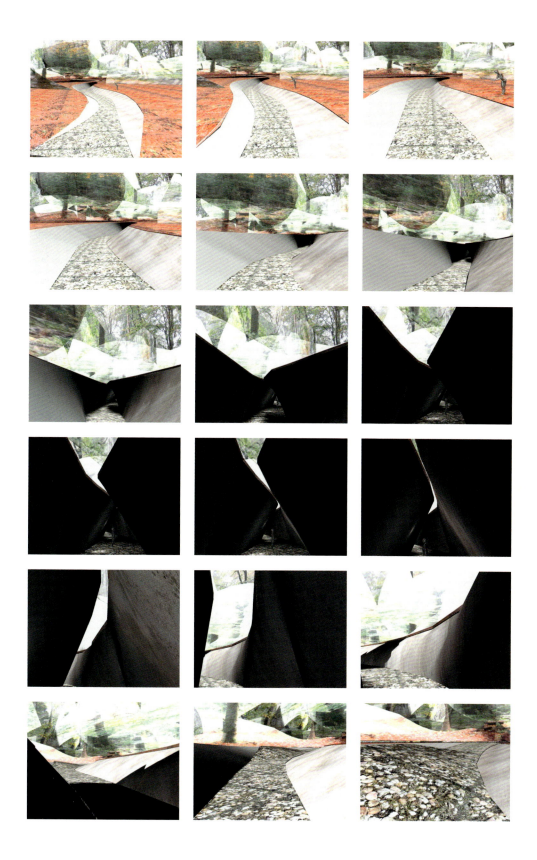

tunnel walk-through showing formation of 'light' slit in roof

paso subterráneo con "dilatación" de luz bajo carretera

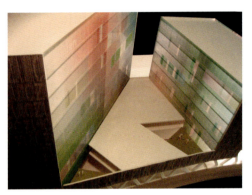  

sloping square connecting station's
underground tunnel with Kessel-Lo

plaza en pendiente para conexión del
túnel bajo los andenes con Kessel-lo

interior under 'hanging' bedrooms with
view to patio

void above the sjoel suggesting
the menorah

menorah respresentado por vacío del sjoel

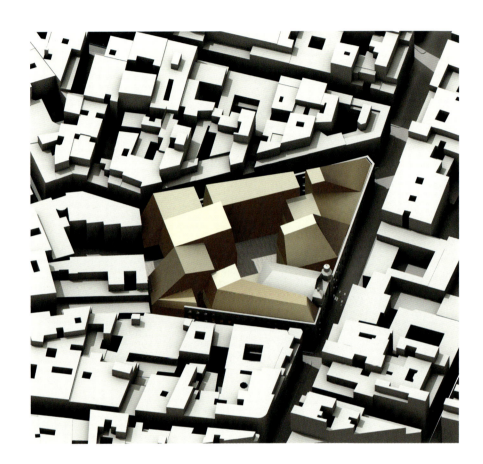

> passage with view towards central
courtyard

> pasaje con vistas hacia patio central

central courtyard patio central

34	34	35	36	37	38	39	41	42	43	45	48	50	52
58	74	98	102	106	124	128	132	134	140	144	148	150	156
162	176	194	200	204	214	220	224	226	244	252	258	262	266

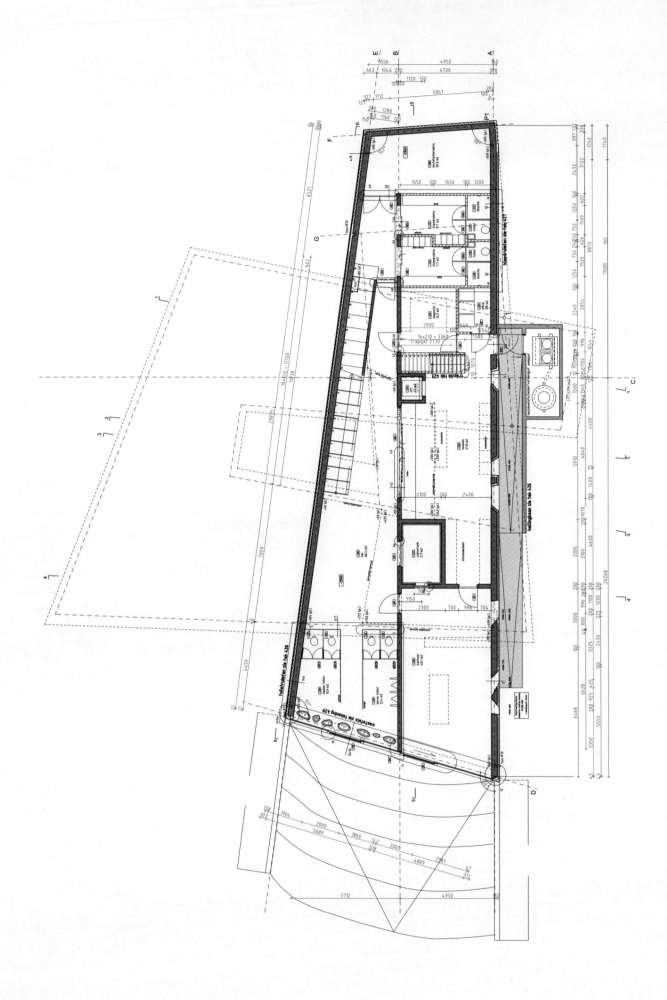

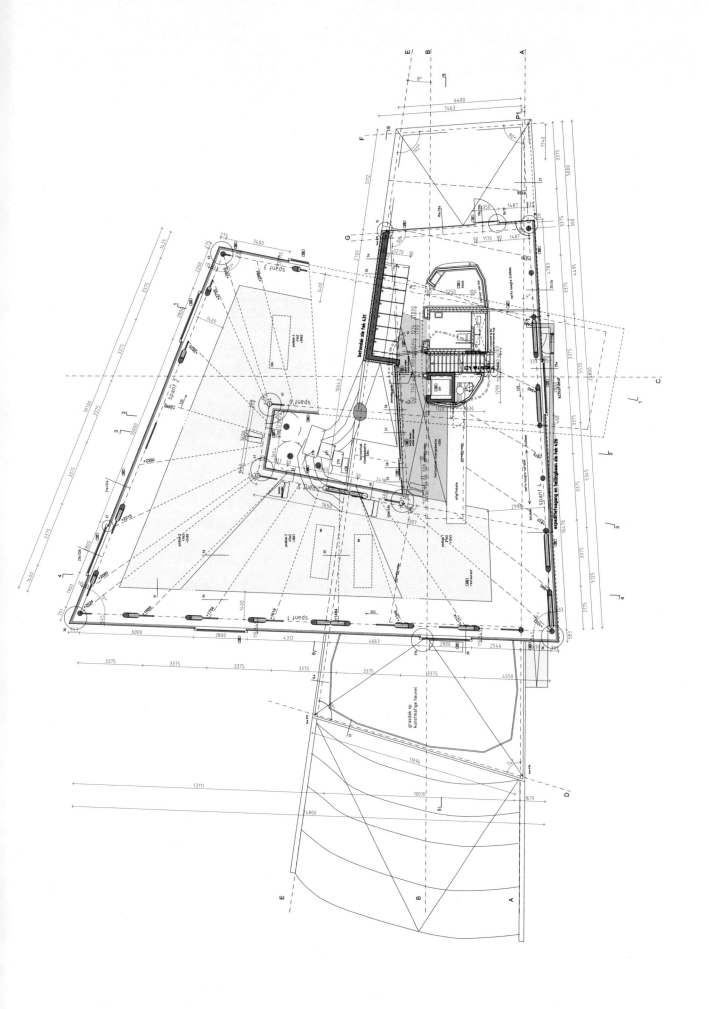

de architectengroep

ontwerp
Bjarne Mastenbroek
opdrachtgever
Vereniging Natuurmonumenten
werk
Posbank, Rheden, NL

barentszplein 7   T. 020-5304848
1012 NJ Amsterdam F. 020-5304800

fase
werktekeningen
onderwerp
plattegronden
werk
kelder, begane grond

datum

werknummer
9729
tekeningnr.
410

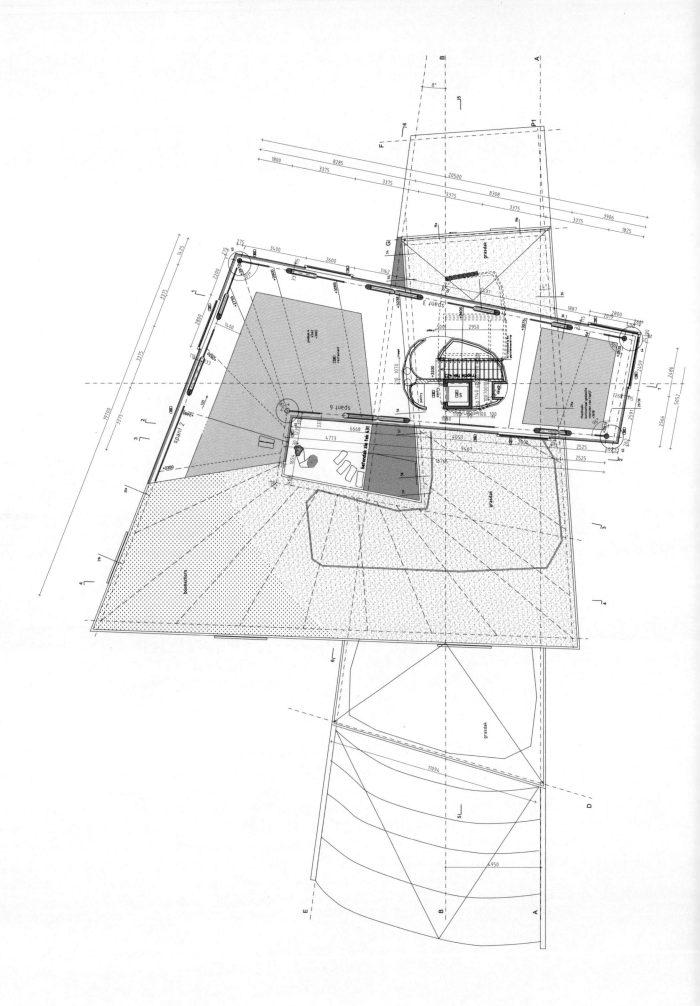

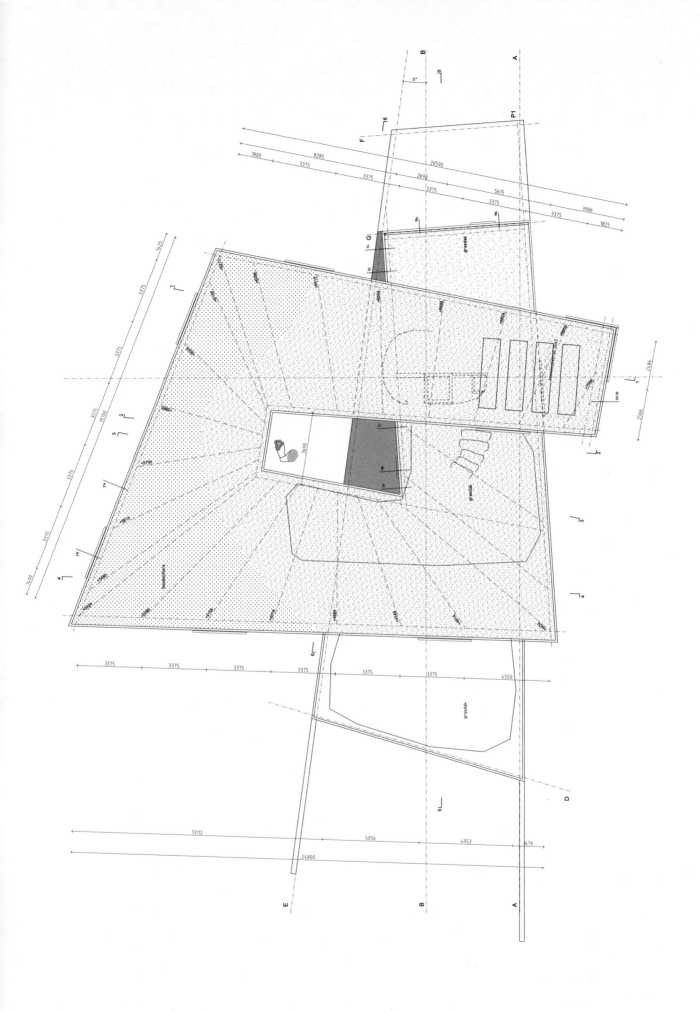

de architectengroep

ontwerp
Bjarne Mastenbroek
opdrachtgever
Vereniging Natuurmonumenten
werk
Posbank, Rheden, NL

barentszplein 7   T. 020-5304840
1013 NJ Amsterdam   F. 020-5304880

fase
werktekeningen
onderwerp
plattegronden
werk
1e verdieping, dakaanzicht

datum

werknummer
9729
tekeningnr.
410

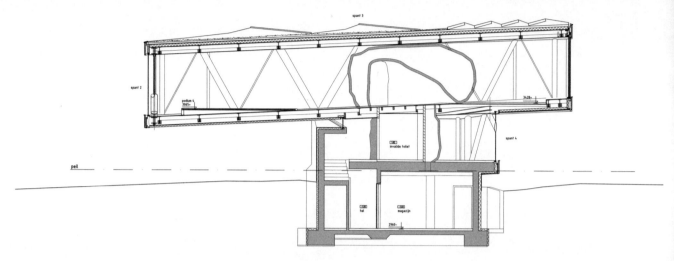

doorsnede 1–1

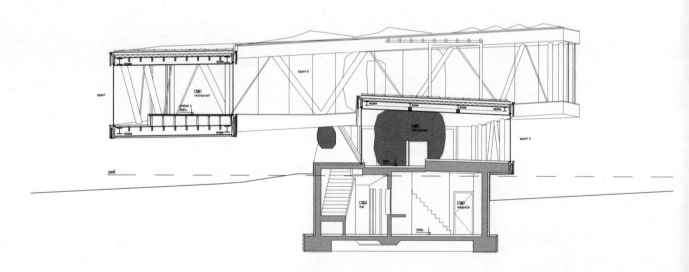

doorsnede 2–2

0 1m   5m

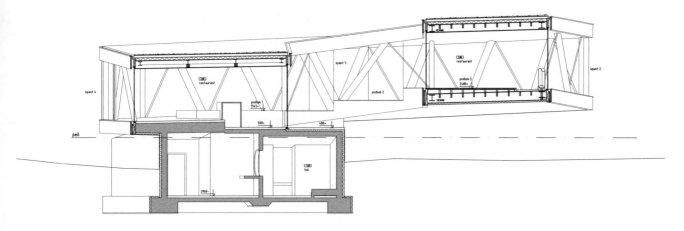

doorsnede 3-3

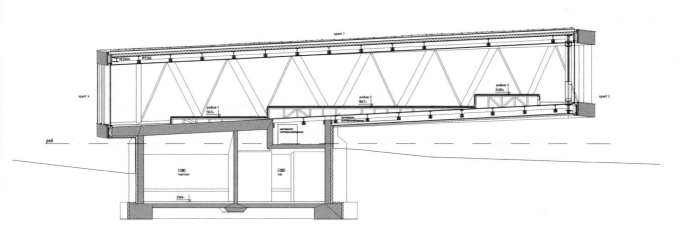

doorsnede 4-4

de architectengroep

barentszplein 7   T: 020-5304040
1013 NJ Amsterdam   F: 020-5304080

onderwerp
Bjarne Mastenbroek
opdrachtgever
Vereniging Natuurmonumenten
werk
Posbank, Rheden, NL

fase
werktekeningen
onderwerp
doorsneden

datum

werknummer
9729
tekeningnr.
430

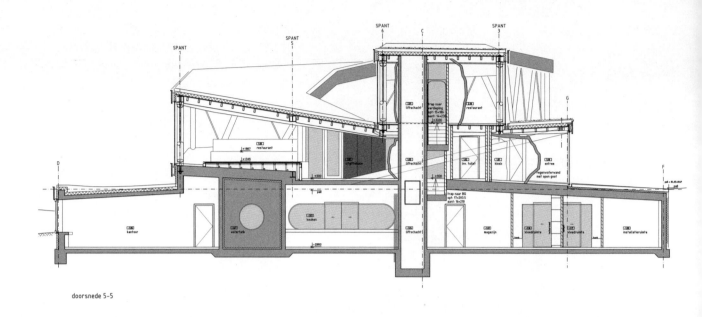

doorsnede 5-5

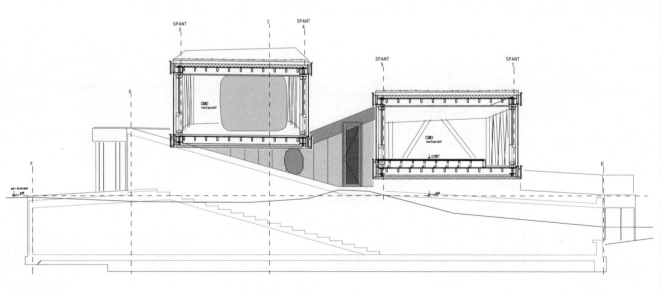

doorsnede 6-6

de architectengroep

ontwerp
Bjarne Mastenbroek
opdrachtgever
Vereniging Natuurmonumenten
werk
Posbank, Rheden, NL

barentszplein 7   T. 020-5304848
1013 NJ Amsterdam   F. 020-5304800

fase
werktekeningen
onderwerp
doorsneden

datum

werknummer
9729
tekeningnr.
430

0   1m   5m

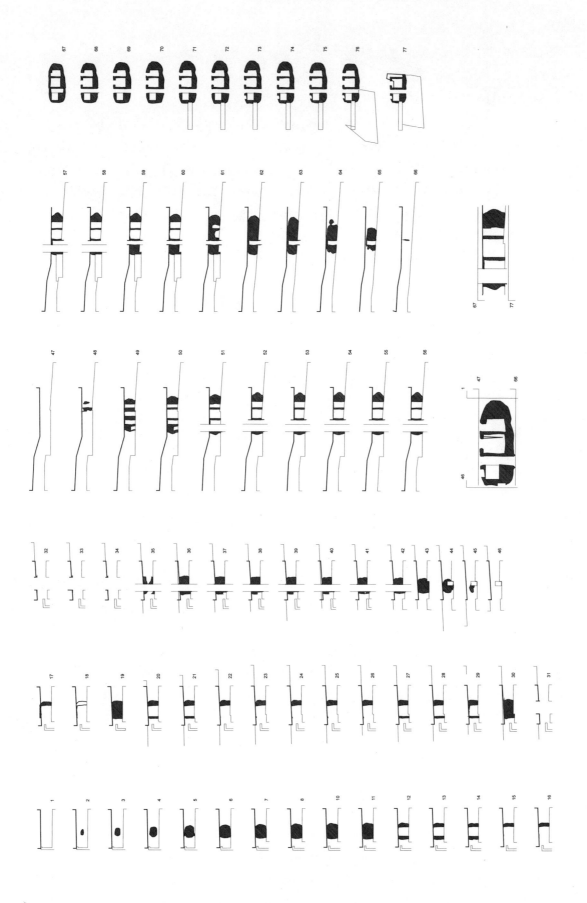

de architectengroep

ontwerp
Bjarne Mastenbroek
opdrachtgever
Vereniging Natuurmonumenten
werk
Posbank, Rheden, NL

barentszplein 7   T. 020-5304848
1013 NJ Amsterdam   F. 020-5304800

fase
werktekeningen
onderwerp
doorsneden over
kunstmatige norenen

datum

werknummer
9729
tekeningnr.
430

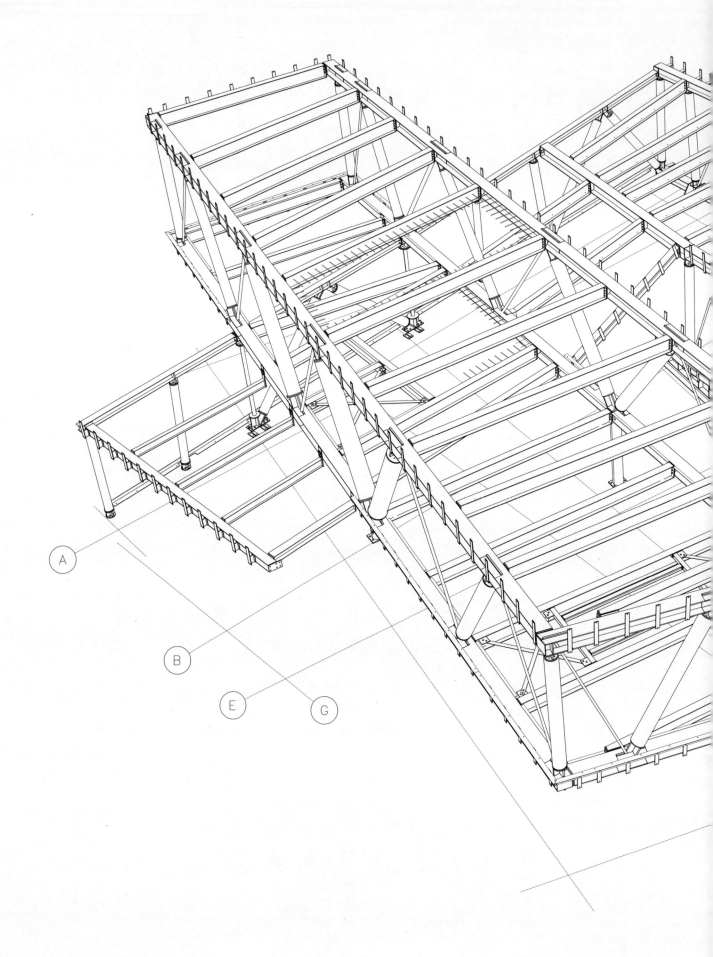

A

B

E   G

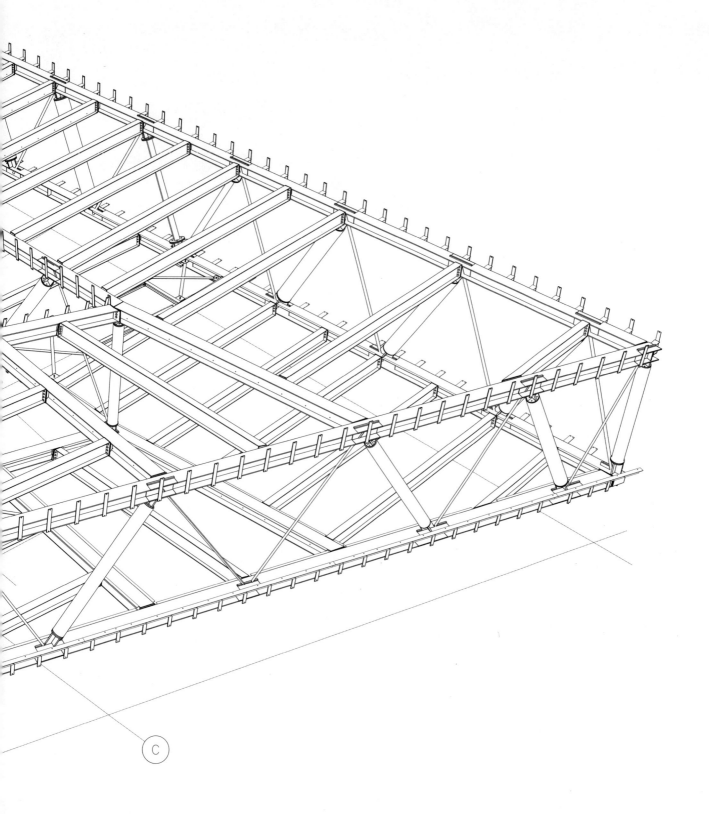

C

INGENIEURSBUREAU		WERK	Posbank		
midden friesland		KLANT	Staalbouw Nagelhout BV Bakhuizen		
		LOKATIE	Rheden		
ISSUED	TEKENAAR	A.de Vries	ORDERNUMMER	00-020	
	REVISIE TIJD	09:46			
REVISIE	REVISIE DATUM	16/11/00	TEKENINGNUMMER	S-1	A1

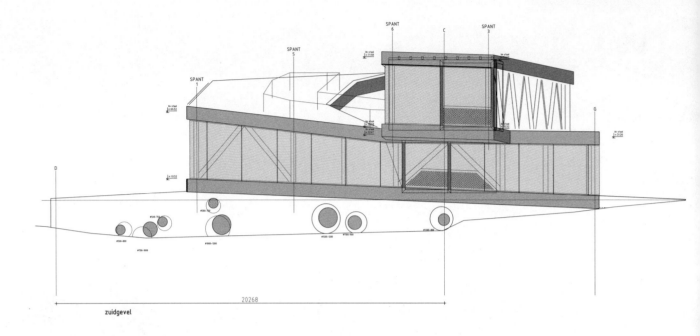

zuidgevel

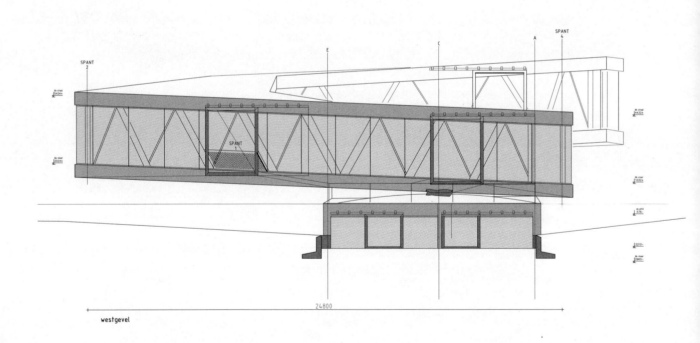

westgevel

0   1m   5m

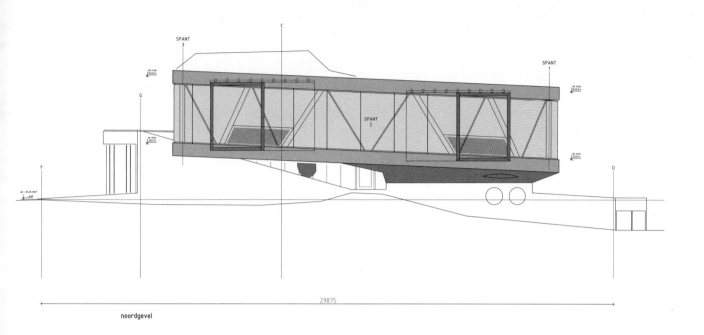

noordgevel

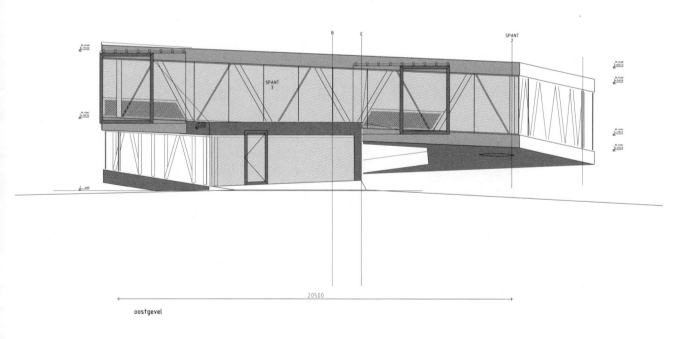

oostgevel

de architectengroep

ontwerp
Bjarne Mastenbroek
opdrachtgever
Vereniging Natuurmonumenten
werk
Posbank, Rheden, NL

fase
werktekeningen
onderwerp
gevels

werknummer
9729
tekeningnr.
420

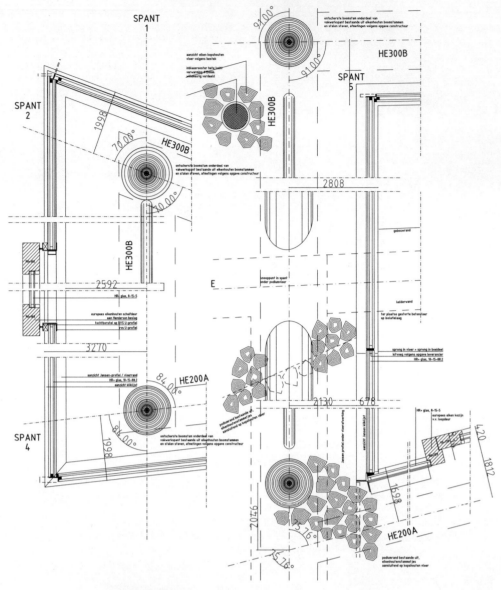

SPANT
1

SPANT
2

SPANT
5

HE300B

HE300B

HE300B

HE300B

HE200A

HE200A

SPANT
4

E

1998

70.00°

2592

3270

84.00°

84.00°

1998

91.00°

91.00°

2808

2130   678

2046

1598

420

1812

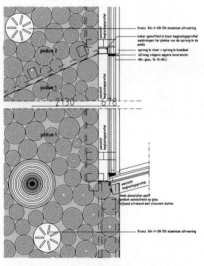

podium 2

podium 1

podium 1

2130   678

Kranz BA-V-DN 150 aluminium uitvoering

Kranz BA-V-DN 150 aluminium uitvoering

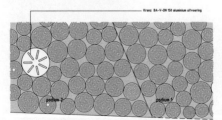

Kranz BA-V-DN 150 aluminium uitvoering

podium 2   podium 1

0   7cm   35 cm

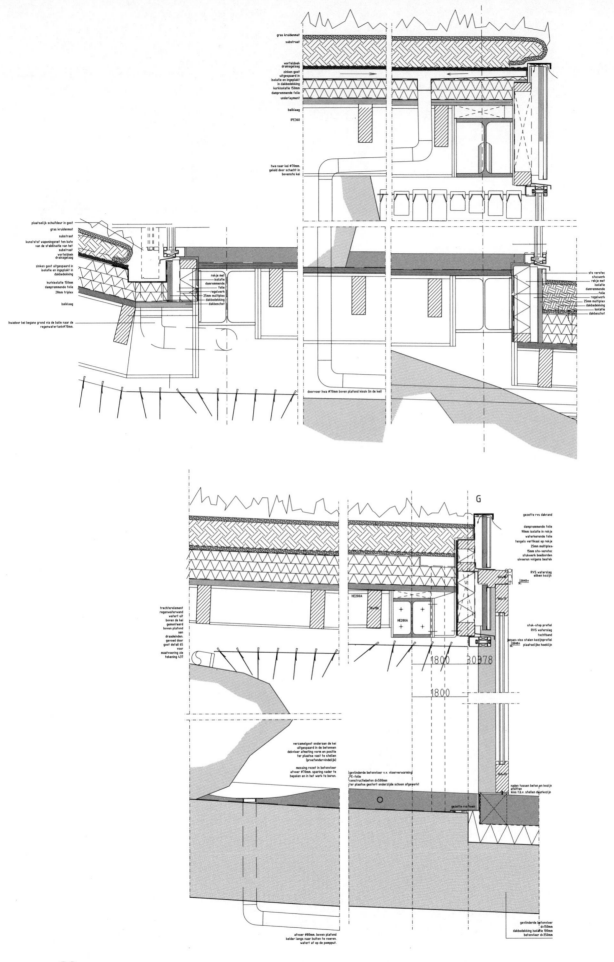

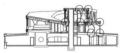

de architectengroep

berentsplein 7   020-5304848
1013 RJ Amsterdam F. 020-5304800

ontwerp:
Bjarne Mastenbroek   fase   do fun
opdrachtgever   werktekeningen
Vereniging Natuurmonumenten   onderwerp   serienummer
werk   details   9729
Posbank, Rheden, NL   tekeningnr.
                                                    450

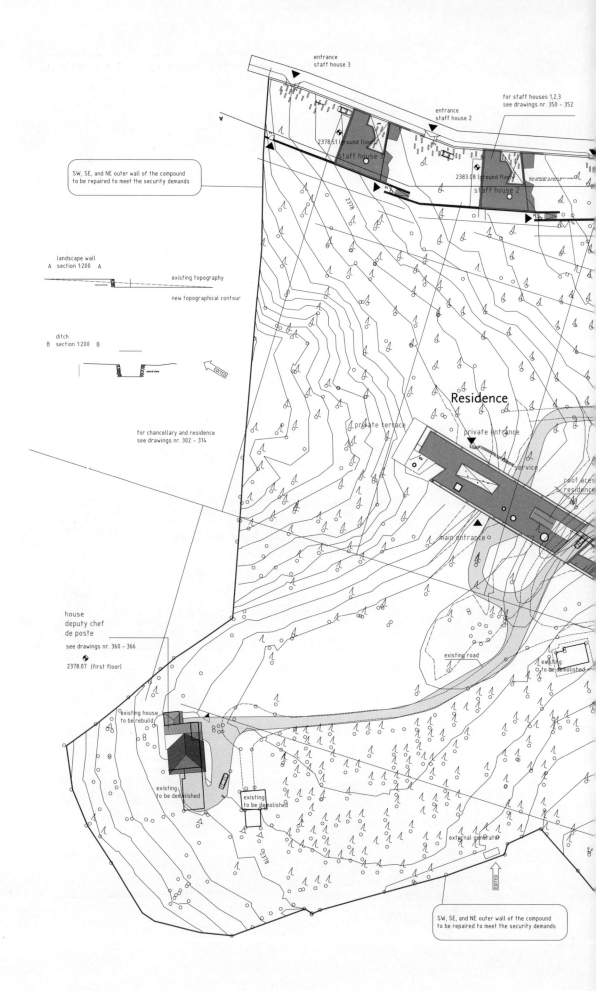

entrance
staff house 3

for staff houses 1,2,3
see drawings nr. 350 – 352

entrance
staff house 2

2378.51 (ground floor)

2383.08 (ground floor)

staff house 3

staff house 2

SW, SE, and NE outer wall of the compound
to be repaired to meet the security demands

landscape wall
A   section 1:200   A

existing topography

new topographical contour

ditch
B   section 1:200   B

Residence

private terrace

private entrance

service

roof access
residence

for chancellary and residence
see drawings nr. 302 – 314

main entrance

house
deputy chef
de poste

see drawings nr. 360 – 366

existing road

existing
to be demolished

2378.07 (first floor)

existing house
to be rebuild

existing
to be demolished

existing
to be demolished

external generator

SW, SE, and NE outer wall of the compound
to be repaired to meet the security demands

0   9m   45m

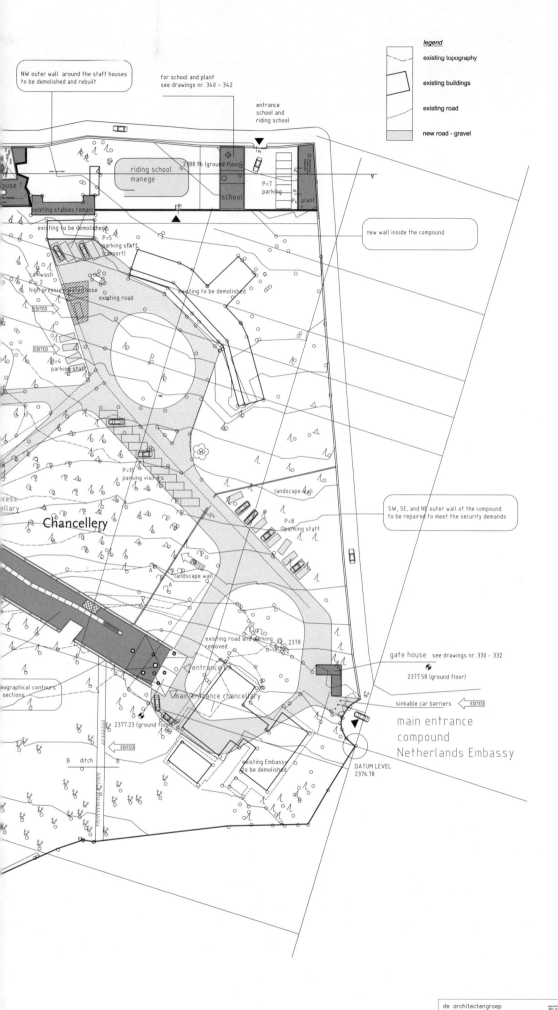

NW outer wall around the staff houses
to be demolished and rebuilt

for school and plant
see drawings nr. 340 - 342

entrance
school and
riding school

2388.96 (ground floor)

riding school
manege

P=7
parking

P=4 plant

school

existing stables remain

new wall inside the compound

existing to be demolished

P=5
parking staff
(carport)

car wash
P = 2
high pressure water hose

existing road

existing to be demolished

EDITED

EDITED

B=4
parking staff

P=10
parking visitors

SW, SE, and NE outer wall of the compound
to be repaired to meet the security demands

landscape wall

Chancellery

P=8
parking staff

access
cellary

landscape wall

EDITED

existing road and parking
removed

2378

gate house   see drawings nr. 330 - 332

2377.58 (ground floor)

entrance

main entrance chancellary

sinkable car barriers   EDITED

main entrance
compound
Netherlands Embassy

topographical contours
sections

2377.23 (ground floor)

EDITED

DATUM LEVEL
2376.78

B ditch B

existing Embassy
to be demolished

de architectengroep

berlmtoplein 7   T. 020-5304848
1015 NJ Amsterdam F. 020-5304800

ontwerp
Bjarne Mastenbroek en Dick van Ganeren

fase
werktekeningen

datum

opdrachtgever
Ministry of Foreign Affairs / DHB

onderwerp
compound, overall plan

werknummer
9814

werk
Netherlands Embassy, Addis Ababa, ETH

tekeningnr.
400

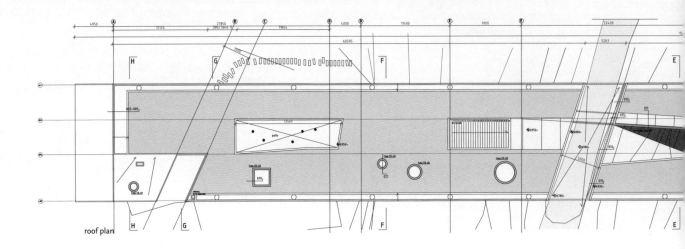

roof plan

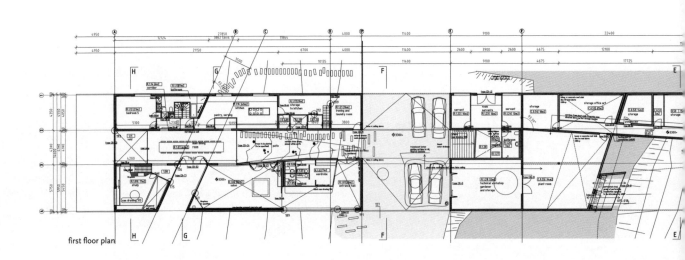

first floor plan

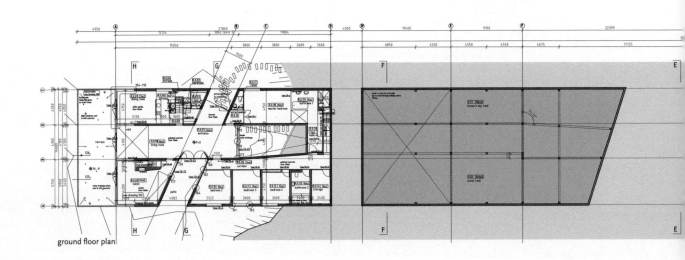

ground floor plan

0   3m   15m

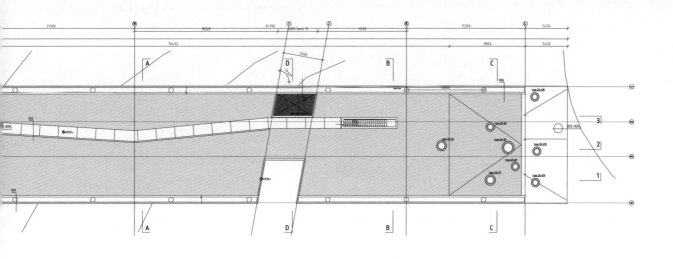

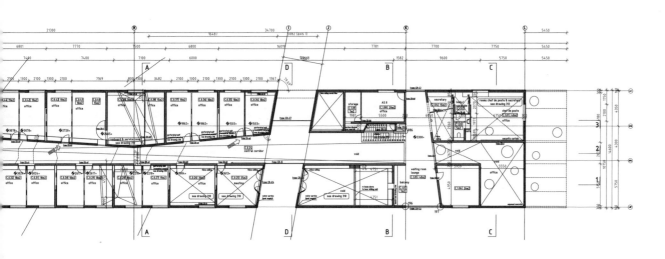

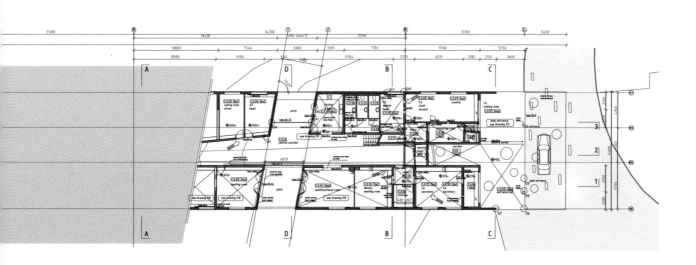

de architectengroep

ontwerp
Bjarne Mastenbroek en Dick van Gameren
opdrachtgever
Ministry of Foreign Affairs / DHB
werk
Netherlands Embassy, Addis Ababa, ETH

barentszplein 7   T. 020-5304040
1013 NJ Amsterdam   F. 020-5304000

fase
werktekeningen
onderwerp
plans
chancellery and residence

datum

werknummer
9814
tekeningnr.
410

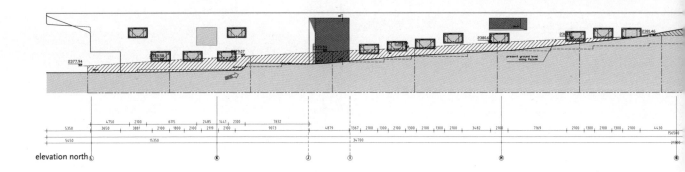

elevation north

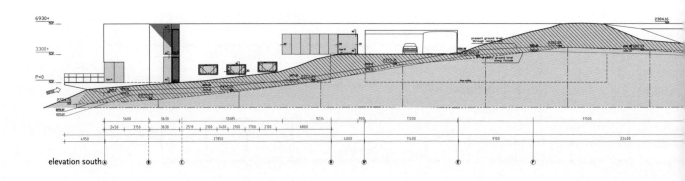

elevation south

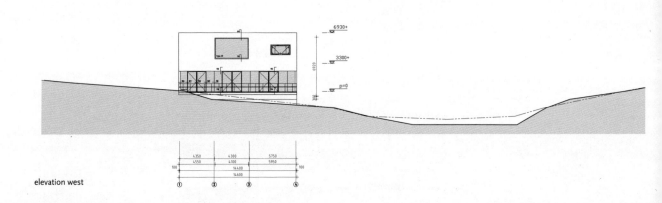

elevation west

0 3m   15m

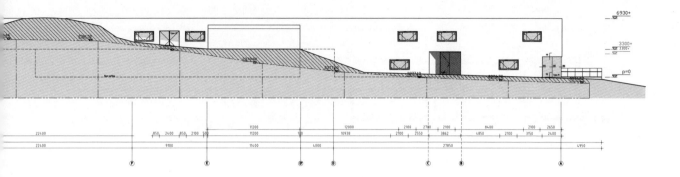

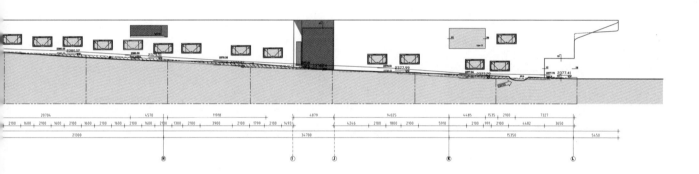

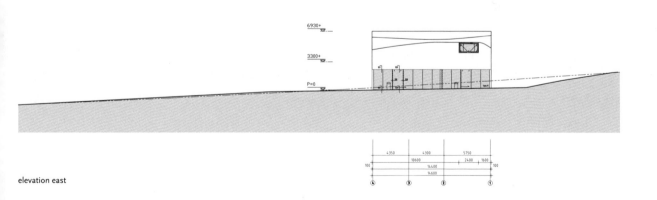

elevation east

de architectengroep

ontwerp
Bjarne Mastenbroek en Dick van Gameren
opdrachtgever
Ministry of Foreign Affairs / DHB
werk
Netherlands Embassy, Addis Ababa, ETH

Herengracht 7   t: 020-5304840
1015 BJ Amsterdam   f: 020-5304800

fase
werktekeningen
onderwerp
elevations
chancellery and residence

datum

werknummer
9814
tekeningnr.
420

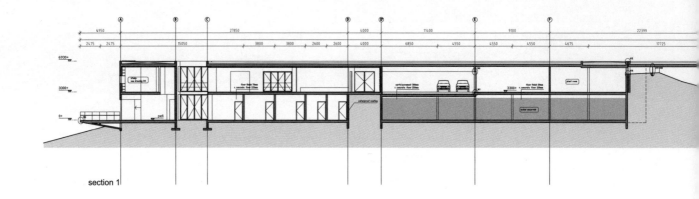

section 1

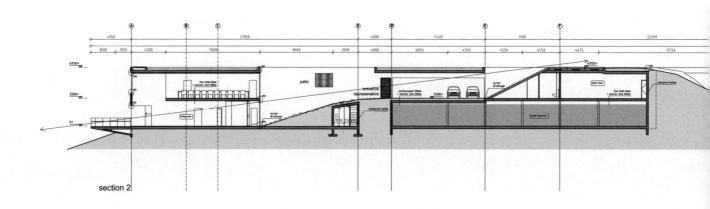

section 2

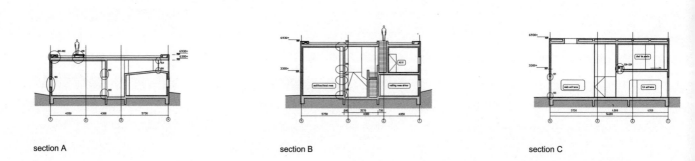

section A   section B   section C

0   3m   15m

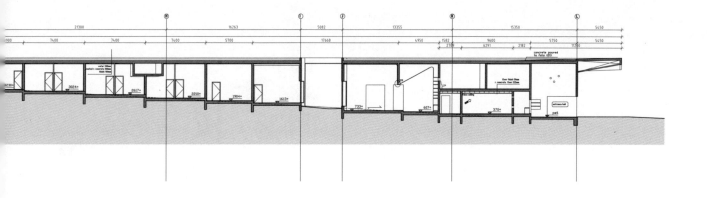

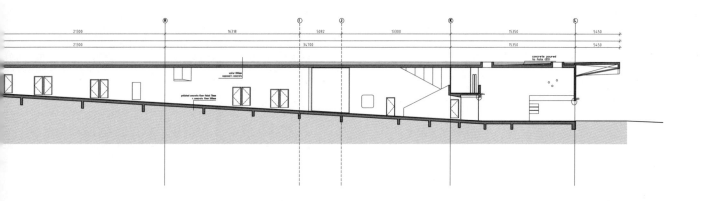

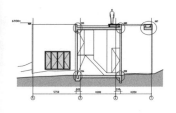

section D

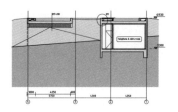

section E

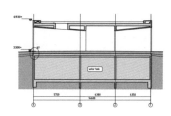

section F

de architectengroep

barentszplein 7   T. 020-5304840
183 HJ Amsterdam   F. 020-5304800

ontwerp
Bjarne Mastenbroek en Dick van Gameren
opdrachtgever
Ministry of Foreign Affairs / DHB
werk
Netherlands Embassy, Addis Ababa, ETH

datum

fase
werktekeningen
onderwerp
sections
chancellery and residence

werknummer
9814
tekeningnr.
430

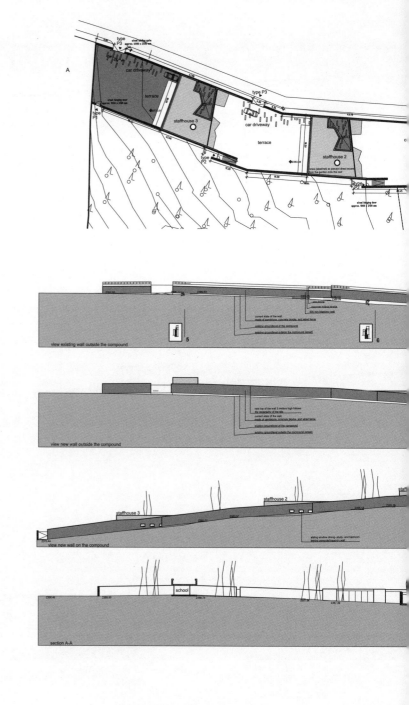

de architectengroep

barentszplein 7   020-5304846
1013 NJ Amsterdam   F 020-5304800

ontwerp
Bjarne Mastenbroek en Dick van Gameren
opdrachtgever
Ministry of Foreign Affairs / DHB
werk
Netherlands Embassy, Addis Ababa, ETH

fase
werktekeningen
onderwerp

staffhouses

datum

werknummer
9814
tekeningnr.
400

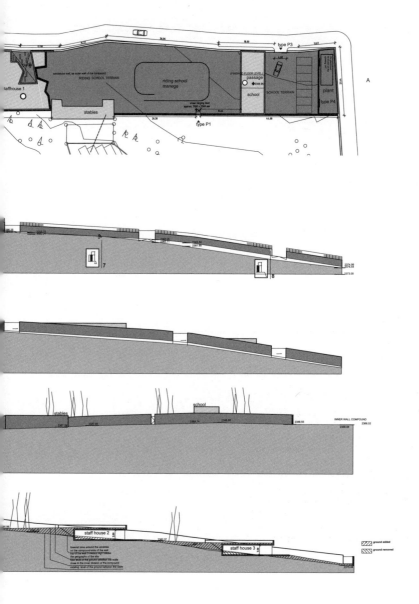

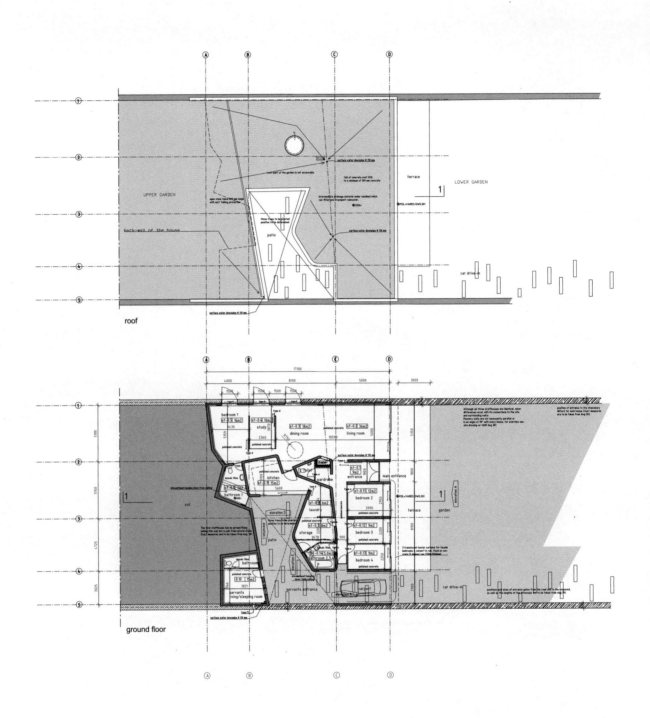

roof

ground floor

de architectengroep

ontwerp
Bjarne Mastenbroek en Dick van Gameren
opdrachtgever
Ministry of Foreign Affairs / DHB
werk
Netherlands Embassy, Addis Ababa, ETH

barentszplein 7   T: 020-5304849
1013 NJ Amsterdam   F: 020-5304880

fase
werktekeningen
onderwerp
plans
staffhouses

datum

werknummer
9814
tekeningnr:
410

0   2.4m   12m

de architectengroep

werktekeningen
sections
staffhouses

Ministry of Foreign Affairs / DHB
Netherlands Embassy, Addis Ababa, ETH

Bjarne Mastenbroek en Dick van Gameren

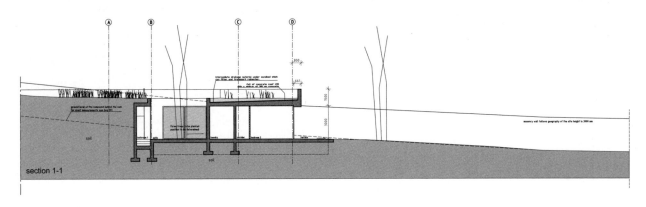

section 1-1

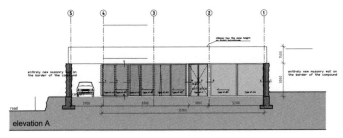

elevation A

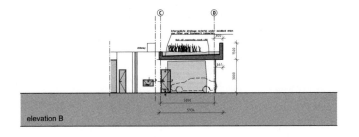

elevation B

0   2.4m   12m

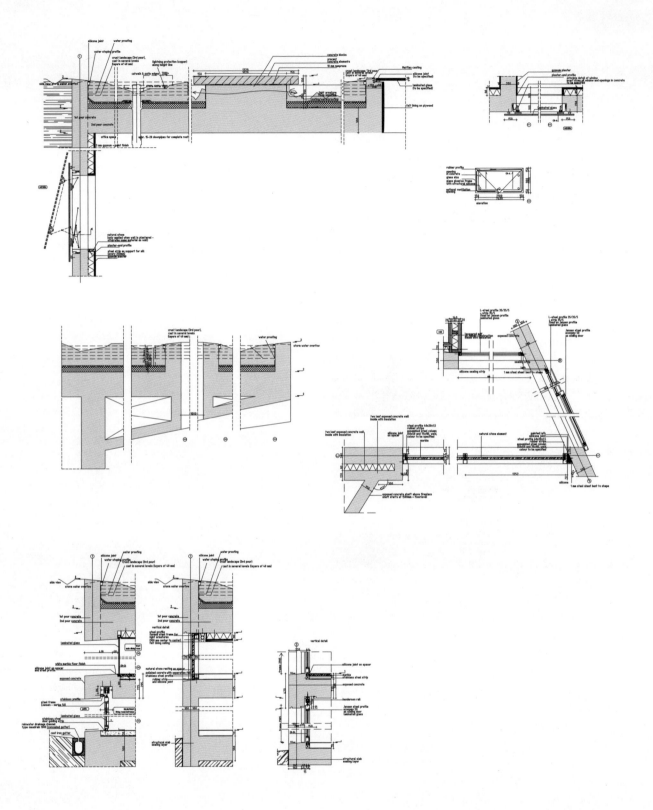

de architectengroep

ontwerp
Bjarne Mastenbroek en Dick van Gameren
opdrachtgever
Ministry of Foreign Affairs / DHB
werk
Netherlands Embassy, Addis Ababa, ETH

berentzplein 7   T. 020-5304040
1013 NJ Amsterdam   F. 020-5304800

fase
werktekeningen
onderwerp
details
chancellery and residence

datum

serienummer
9814
tekeningnr.
450

0   20cm   1m

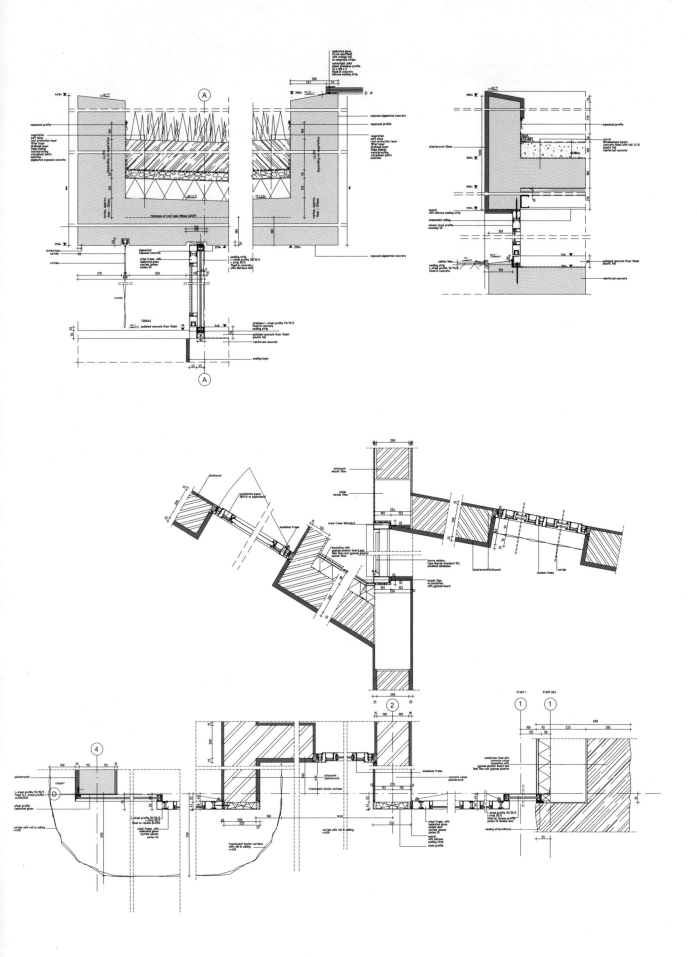

de architectengroep

ontwerp
Bjarne Mastenbroek en Dick van Gameren
opdrachtgever
Ministry of Foreign Affairs / DHB
werk
Netherlands Embassy, Addis Ababa, ETH

barentszplein 7   T 020-5304400
1013 NJ Amsterdam   F 020-5304466

fase
werktekeningen
onderwerp
details
staffhouses

datum

werknummer
9814
tekeningnr.
450

0   10cm   50cm

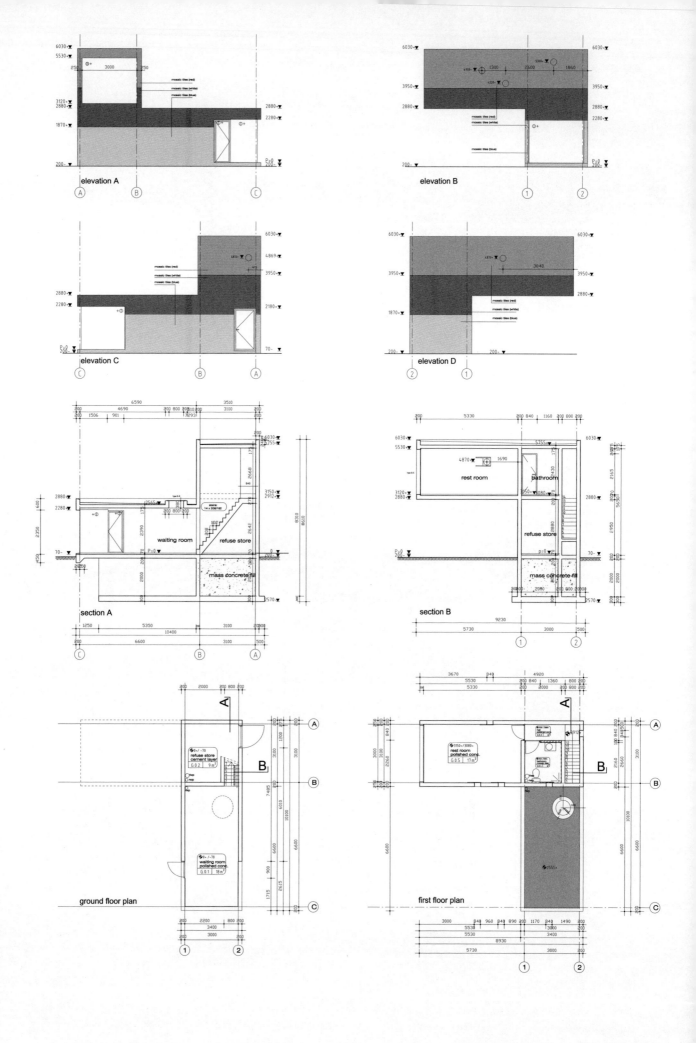

elevation A

elevation B

elevation C

elevation D

section A

section B

ground floor plan

first floor plan

0   1m   5m

de architectengroep

ontwerp
Bjarne Mastenbroek en Dick van Gameren
opdrachtgever
Ministry of Foreign Affairs / DHB
werk
Netherlands Embassy, Addis Ababa, ETH

fase
werktekeningen
onderwerp
elevations and sections
gatehouse

werknummer
9814
tekeningnr.
420

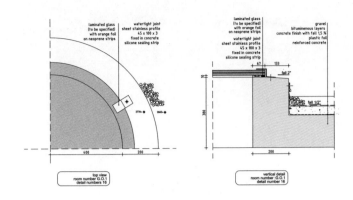

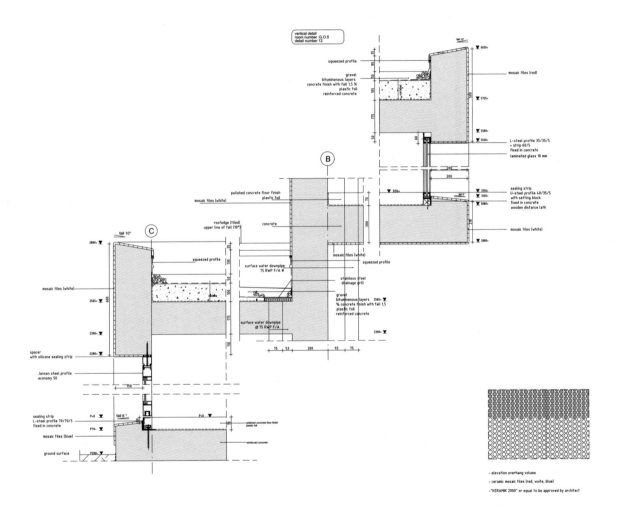

- elevation overhang volume
- ceramic mosaic tiles (red, white, blue)
- "KERAMIK 2000" or equal to be approved by architect

de architectengroep

ontwerp
Bjarne Mastenbroek en Dick van Gameren
opdrachtgever
Ministry of Foreign Affairs / IHB
werk
Netherlands Embassy, Addis Ababa, ETH

barentszplein 7   T: 020-5304848
1013 NJ Amsterdam F: 020-5304800

fase
werktekeningen
onderwerp
details
werk
gatehouse

datum

werknummer
9814
tekeningnr.
450

0   10cm   50cm

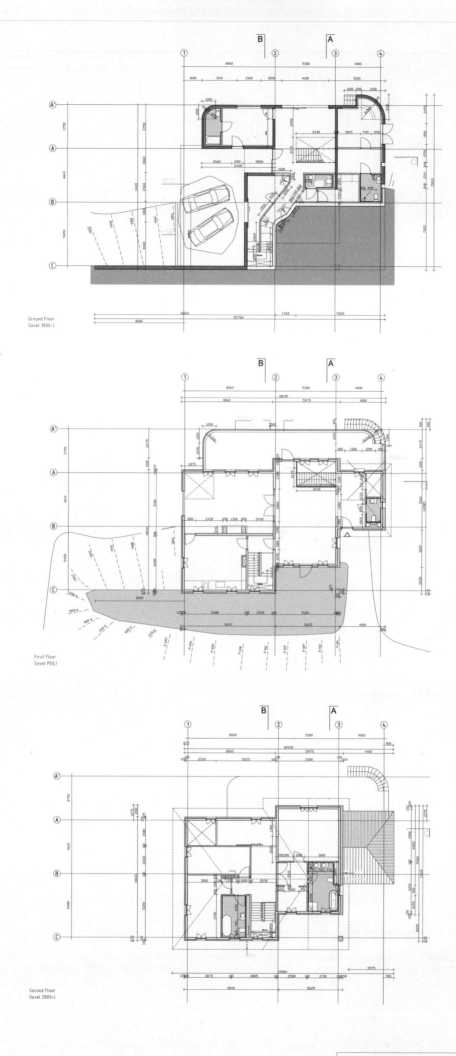

Ground Floor
(level 3000-)

First Floor
(level PEIL)

Second Floor
(level 2800+)

B   A
B   A
B   A

0   2m   10m

de architectengroep

ontwerp
Bjarne Mastenbroek en Dick van Gameren
opdrachtgever
Ministry of Foreign Affairs / DHB
werk
Netherlands Embassy, Addis Ababa, ETH

Herenkapplein 7   T. 020-5304846
1013 NJ Amsterdam   F. 020-5304800

fase
werktekeningen
onderwerp
plans
onderwerp
house deputy chef

datum

werknummer
9814
tekeningnr.
410

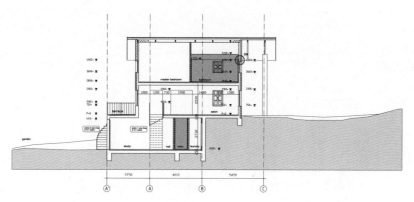

cross section A-A

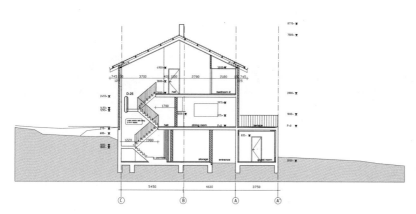

cross section B-B

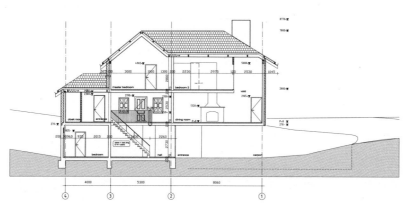

longitudal section C-C

de architectengroep

berlagepleln 7   T 020-5364848
1813 WJ Amsterdam   F 020-5364868

ontwerp
Bjarne Mastenbroek en Dick van Gameren
opdrachtgever
Ministry of Foreign Affairs / IHB
werk
Netherlands Embassy, Addis Ababa, ETH

fase
werktekeningen
onderwerp
sections
house deputy chef

datum

serienummer
9814
tekeningnr.
430

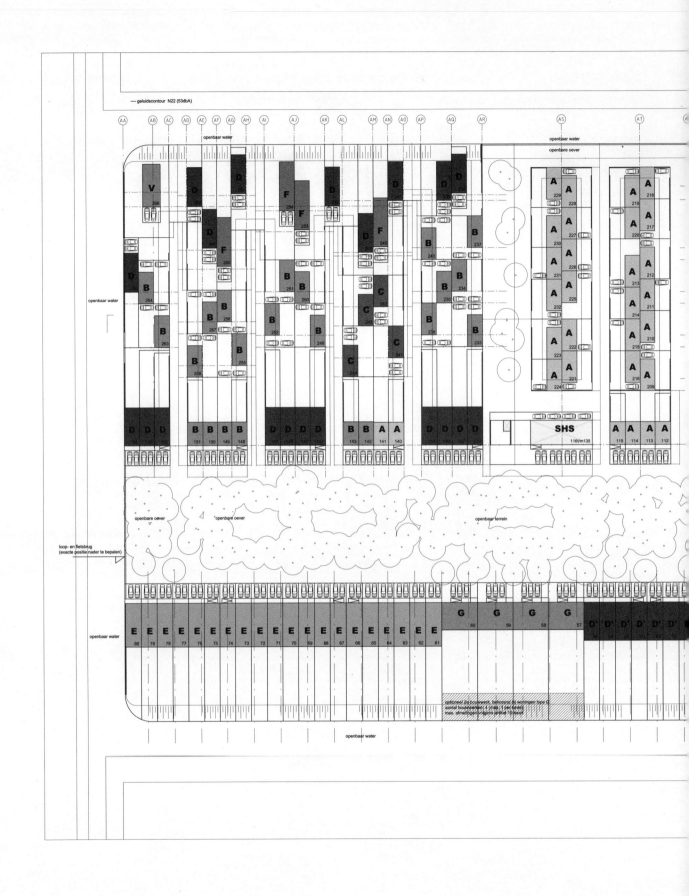

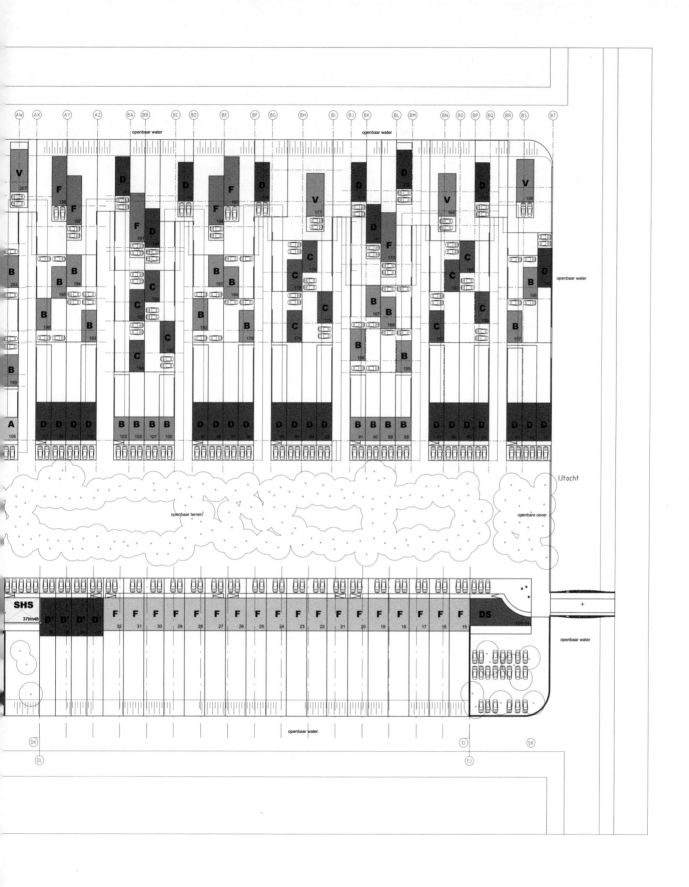

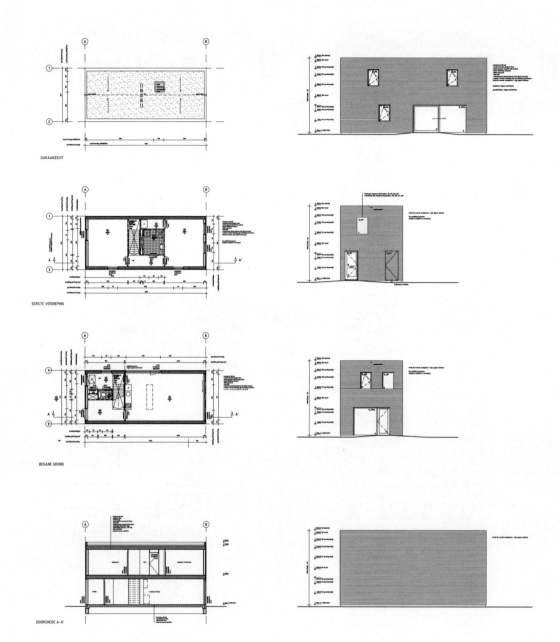

DAKAANZICHT

EERSTE VERDIEPING

BEGANE GROND

DOORSNEDE A-A'

0   2m   10m

SeARCH
Hamerstraat 3   T+31 (0)20 788 99 00   getekend
NL-1021 JT Amsterdam   F+31 (0)20 788 99 11   gewijzigd

werk   Floriande, Hoofddorp, NL   **9933**   onderwerp   plattegronden, gevels   **460**
opdrachtgever   AM Wonen BV   basis type
fase   werktekeningen

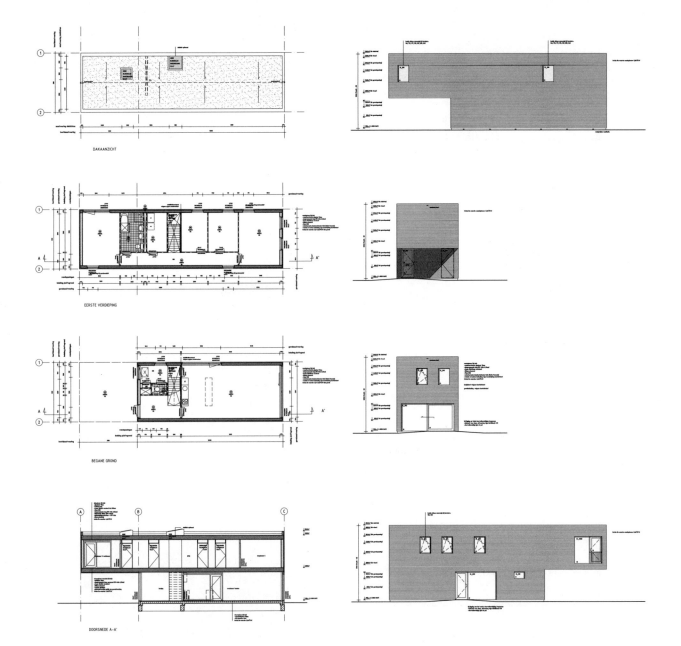

DAKAANZICHT

EERSTE VERDIEPING

BEGANE GROND

DOORSNEDE A-A'

0   2m   10m

SeARCH   Hamerstraat 3   T +31 (0)20 788 99 00   getekend
          NL-1021 JT Amsterdam   F +31 (0)20 788 99 11   gewijzigd

werk   Floriande, Hoofddorp, NL   9933   onderwerp   plattegronden, gevels   460
opdrachtgever   AM Wonen BV   uitbouw
fase   werktekeningen

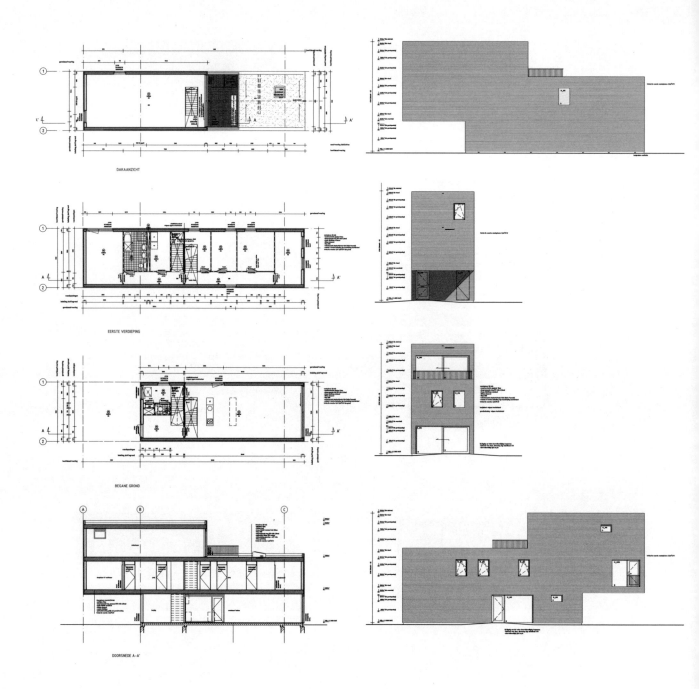

DAKAANZICHT

EERSTE VERDIEPING

BEGANE GROND

DOORSNEDE A-A'

0   2m   10m

SeARCH	Hamerstraat 3	T +31 (0)20 788 99 00	getekend
	NL-1021 JT Amsterdam	F +31 (0)20 788 99 11	gewijzigd
werk	Florlande, Hoofddorp, NL	9933	onderwerp	plattegronden, gevels	460
opdrachtgever	AM Wonen BV			kavel 192	
fase	werktekeningen				

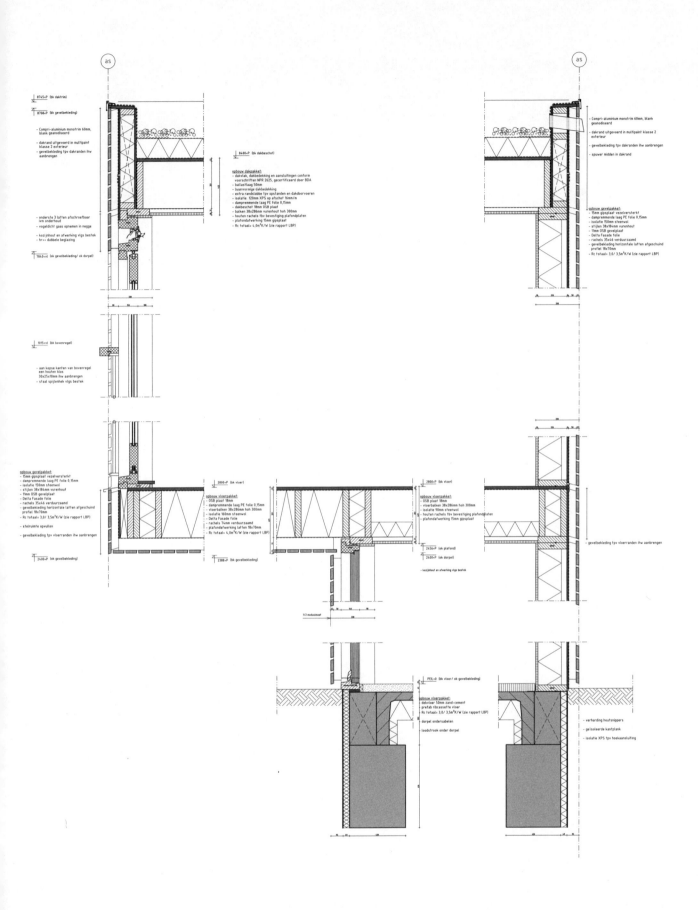

Left section annotations

8745+P (bk daktrim)

8708+P (bk gevelbekleding)

- Compri-aluminium monotrim 60mm, blank geanodiseerd
- dakrand uitgevoerd in multipaint klasse 2 exterieur
- gevelbekleding tpv dakranden ihw aanbrengen

8406+P (bk dakbeschot)

opbouw dakpakket:
- dakvlak, dakbedekking en aansluitingen conform voorschriften NPR 2625, gecertificeerd door BDA
- ballastlaag 50mm
- bezersvormige dakbedekking
- extra randslabbe tpv opstanden en dakdoorvoeren
- isolatie 120mm XPS op afschot 16mm/m
- dampremmende laag PE folie 0,15mm
- dakbeschot 18mm OSB plaat
- balken 38x286mm vurenhout hoh 300mm
- houten rachels tbv bevestiging plafondplaten
- plafondafwerking 15mm gipsplaat
- Rc totaal= 4,0m²K/W (zie rapport LBP)

- onderste 3 latten afschroefbaar ivm onderhoud
- vogeldicht gaas opnemen in negge
- kozijnhout en afwerking vlgs bestek
- hr++ dubbele beglazing

7840+vl (ok gevelbekleding/ ok dorpel)

1015+vl (bk bovenregel)

- aan kopse kanten van bovenregel een houten klos 30x25x10mm ihw aanbrengen
- staal spijlenhek vlgs bestek

opbouw gevelpakket:
- 15mm gipsplaat vezelversterkt
- dampremmende laag PE folie 0,15mm
- isolatie 150mm steenwol
- stijlen 38x184mm vurenhout
- 11mm OSB gevelplaat
- Delta Fasade folie
- rachels 35x44 verduurzaamd
- gevelbekleding horizontale latten afgeschuind profiel 18x70mm
- Rc totaal= 3,0/ 3,5m²K/W (zie rapport LBP)

- stelruimte opvullen

- gevelbekleding tpv vloerranden ihw aanbrengen

2400+P (ok gevelbekleding)

2800+P (bk vloer)

opbouw vloerpakket:
- OSB plaat 18mm
- dampremmende laag PE folie 0,15mm
- vloerbalken 38x286mm hoh 300mm
- isolatie 160mm steenwol
- Delta Fasade folie
- rachels 74mm verduurzaamd
- plafondafwerking latten 18x70mm
- Rc totaal= 4,0m²K/W (zie rapport LBP)

2388+P (bk gevelbekleding)

1/2 moduulmaat

Right section annotations

- Compri-aluminium monotrim 60mm, blank geanodiseerd
- dakrand uitgevoerd in multipaint klasse 2 exterieur
- gevelbekleding tpv dakranden ihw aanbrengen
- spuwer midden in dakrand

opbouw gevelpakket:
- 15mm gipsplaat vezelversterkt
- dampremmende laag PE folie 0,15mm
- isolatie 150mm steenwol
- stijlen 38x184mm vurenhout
- 11mm OSB gevelplaat
- Delta Fasade folie
- rachels 35x44 verduurzaamd
- gevelbekleding horizontale latten afgeschuind profiel 18x70mm
- Rc totaal= 3,0/ 3,5m²K/W (zie rapport LBP)

2800+P (bk vloer)

opbouw vloerpakket:
- OSB plaat 18mm
- vloerbalken 38x286mm hoh 300mm
- isolatie 90mm steenwol
- houten rachels tbv bevestiging plafondplaten
- plafondafwerking 15mm gipsplaat

2456+P (ok plafond)

2400+P (ok dorpel)

- kozijnhout en afwerking vlgs bestek

- gevelbekleding tpv vloerranden ihw aanbrengen

PEIL=0 (bk vloer/ ok gevelbekleding)

opbouw vloerpakket:
- dekvloer 50mm zand-cement
- prefab ribcassette vloer
- Rc totaal= 3,0/ 3,5m²K/W (zie rapport LBP)

- dorpel ondersabelen

- loodstrook onder dorpel

- verharding houtsnippers

- geïsoleerde kantplank

- isolatie XPS tpv hoekaansluiting

0   1,5 cm   7,5 cm

SeARCH   Hamerstraat 3   T+31 (0)20 788 99 00   getekend
              NL-1021 JT Amsterdam   F+31 (0)20 788 99 11   gewijzigd

werk   Floriande, Hoofddorp, NL   **9933**   onderwerp details HSB   **450**
opdrachtgever AM Wonen BV
fase   werktekeningen

0   8m   40m

inrichting waterplas
(bruggen, pad door water, openbare beschoeiing e.d.)
buiten bestek

veerboot/speelelement

boogbrug

waterpeil ca. 4.80m- NAP

beschoeiing
ca. 600 mm boven water

de architectengroep

ontwerp
Bjarne Mastenbroek
opdrachtgever
vof Heijmans-Trebbe Vastgoedontwikkeling
werk
Waterland A6, Leidschenveen, NL

fase
werktekeningen
onderwerp
situatie

datum

werknummer
0027
tekeningnr.
400

Type A

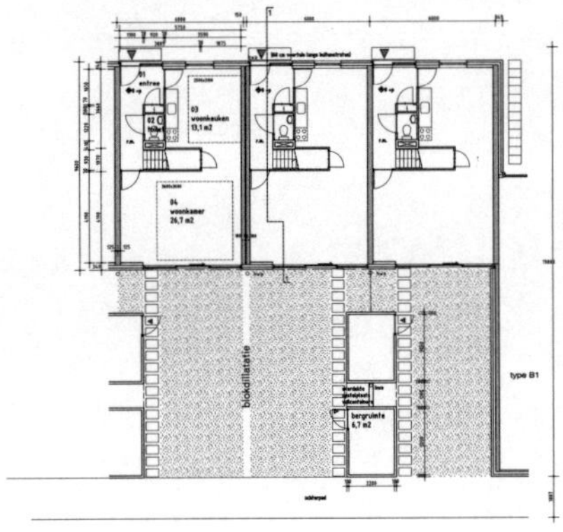

begane grond

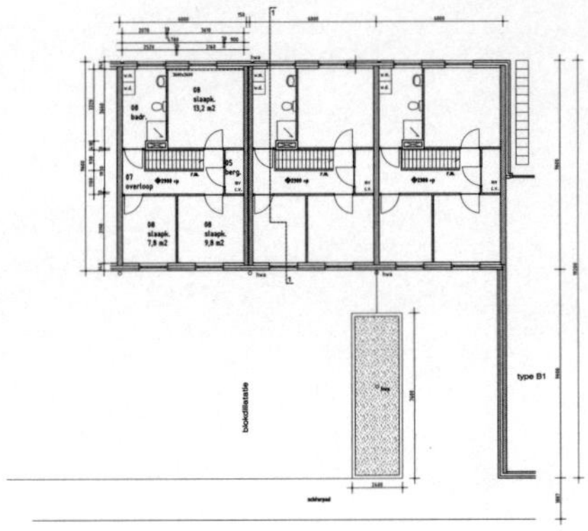

eerste verdieping

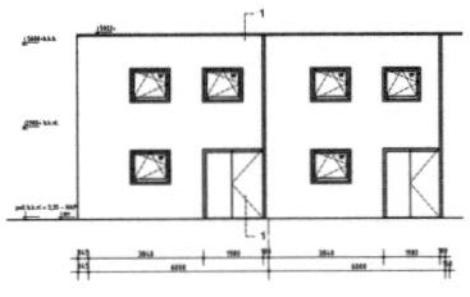

vooraanzicht

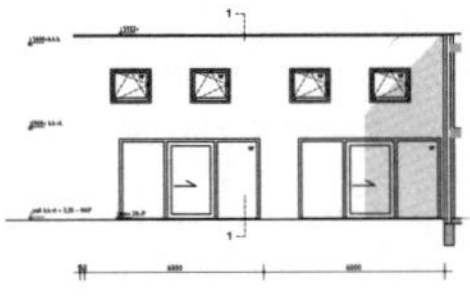

achteraanzicht

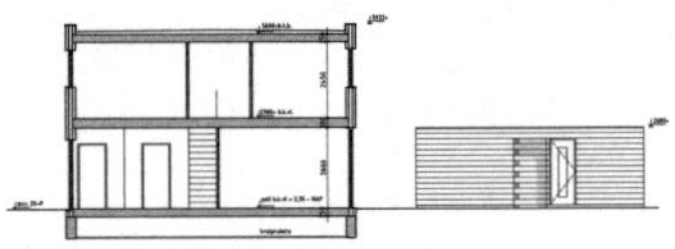

doorsnede 1-1

Type C

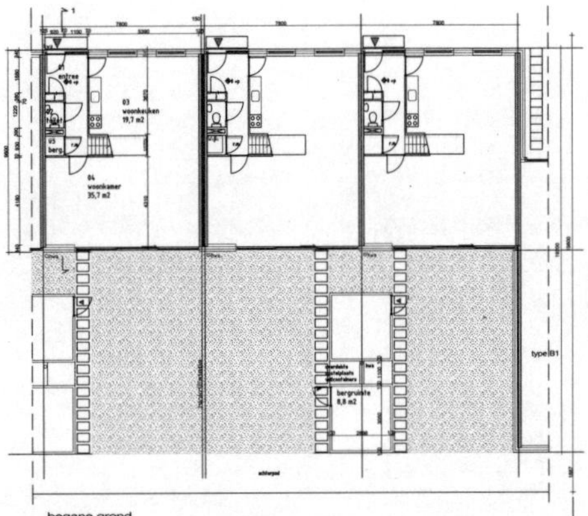

begane grond

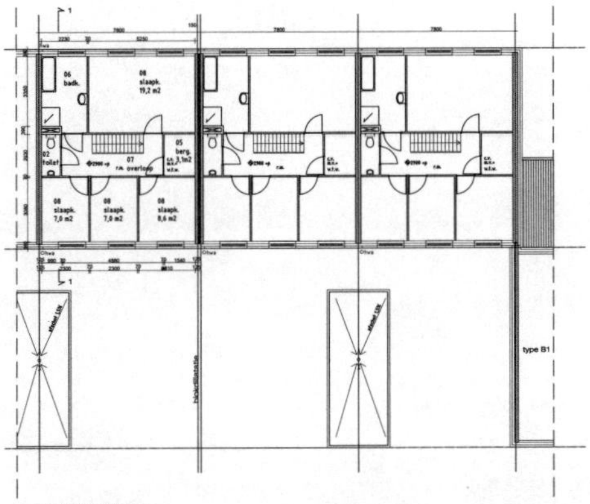

eerste verdieping

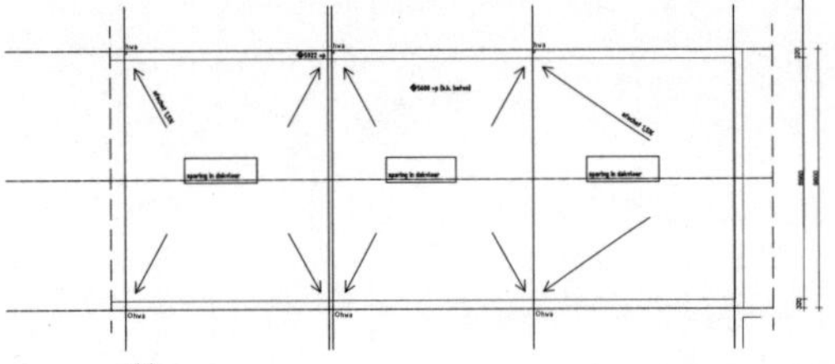

dak

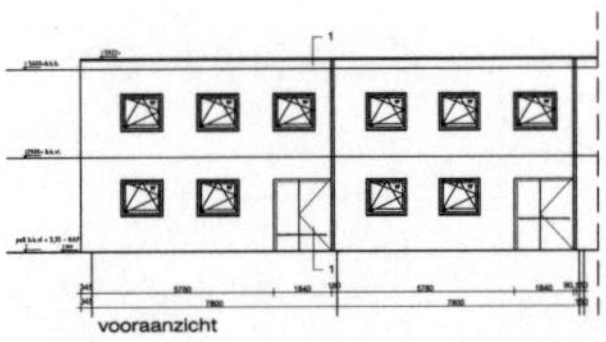

vooraanzicht

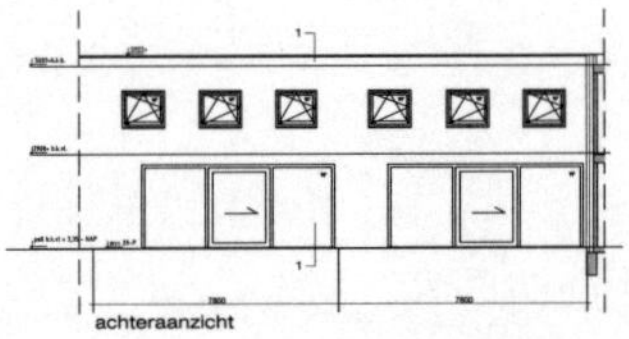

achteraanzicht

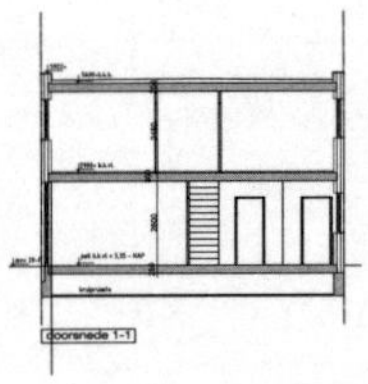

doorsnede 1-1

0   3m   15m

Type B

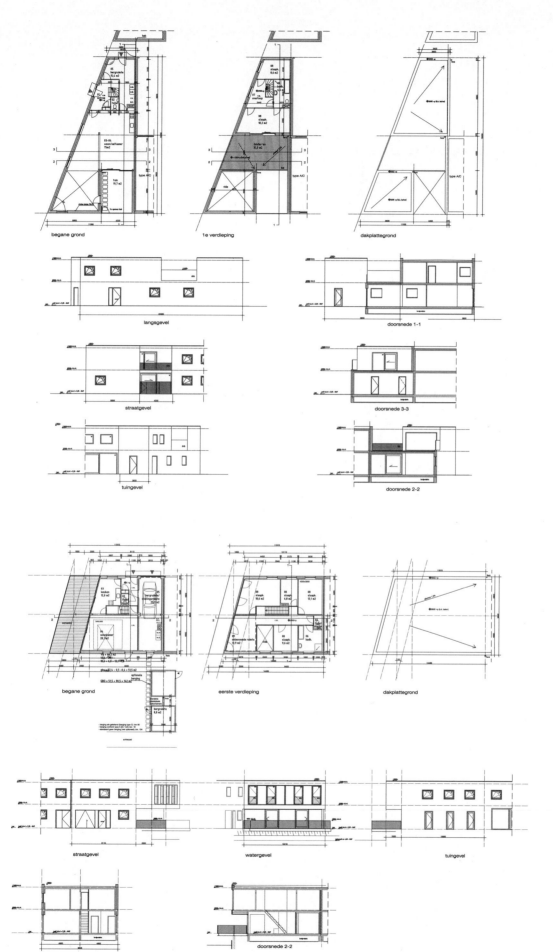

begane grond   1e verdieping   dakplattegrond

langsgevel   doorsnede 1-1

straatgevel   doorsnede 3-3

tuingevel   doorsnede 2-2

Type D

begane grond   eerste verdieping   dakplattegrond

straatgevel   watergevel   tuingevel

doorsnede 1-1   doorsnede 2-2

de architectengroep

ontwerp
Bjarne Mastenbroek
opdrachtgever
vof Heijmans-Trebbe Vastgoedontwikkeling
werk
Waterland A6, Leidschenveen, NL

fase
werktekeningen
onderwerp
woningtype, A, B, C, D

werknummer
0027
tekeningnr.
460

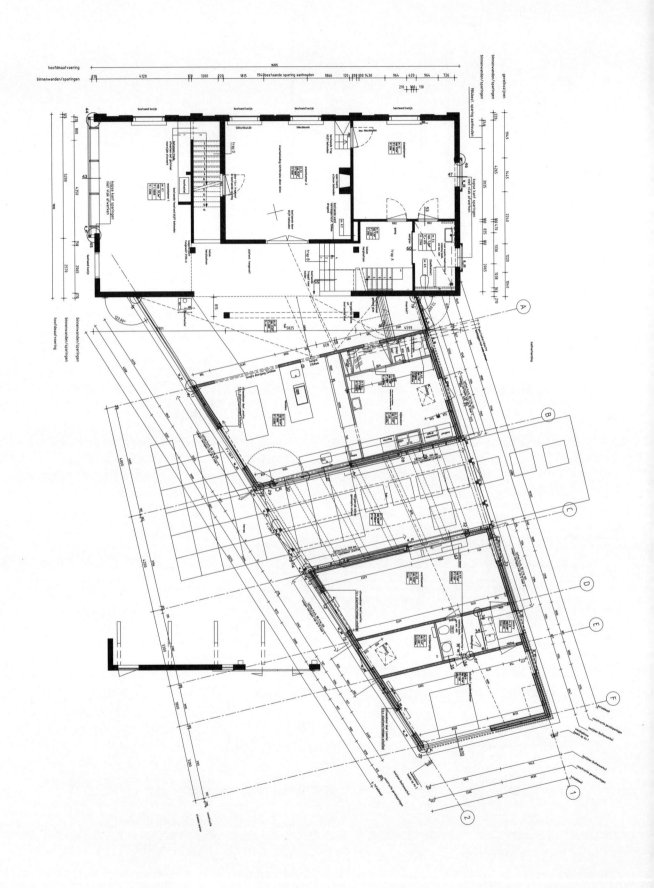

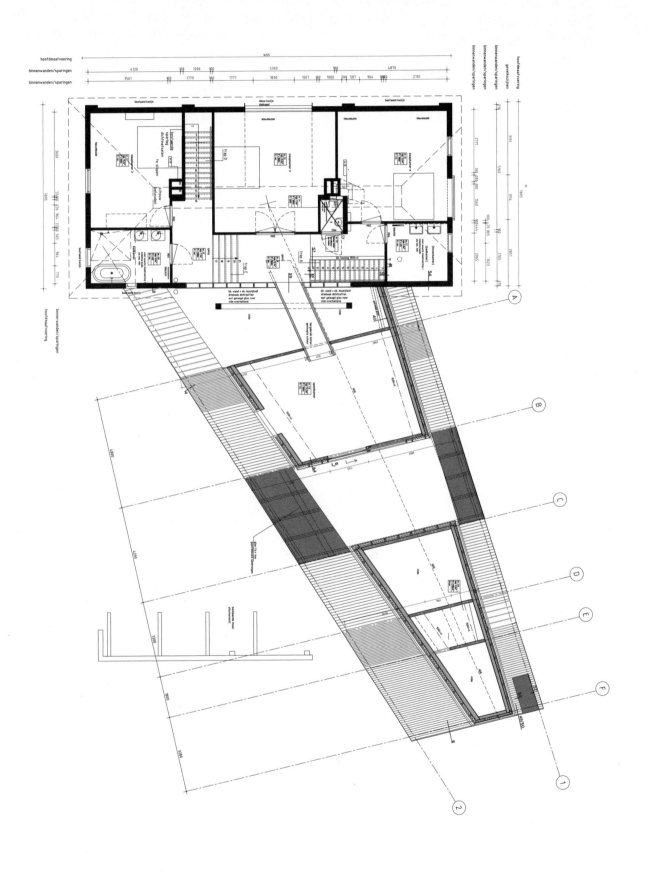

SeARCH	Hamerstraat 3	T +31 (0)20 788 99 00	getekend	03.10.2003
	NL-1021 JT Amsterdam	F +31 (0)20 788 99 11	gewijzigd	
werk	Woizak, Zutphen, NL	0221	onderwerp	plattegronden	410
opdrachtgever				begane grond	
fase	werktekeningen			1e verdieping	

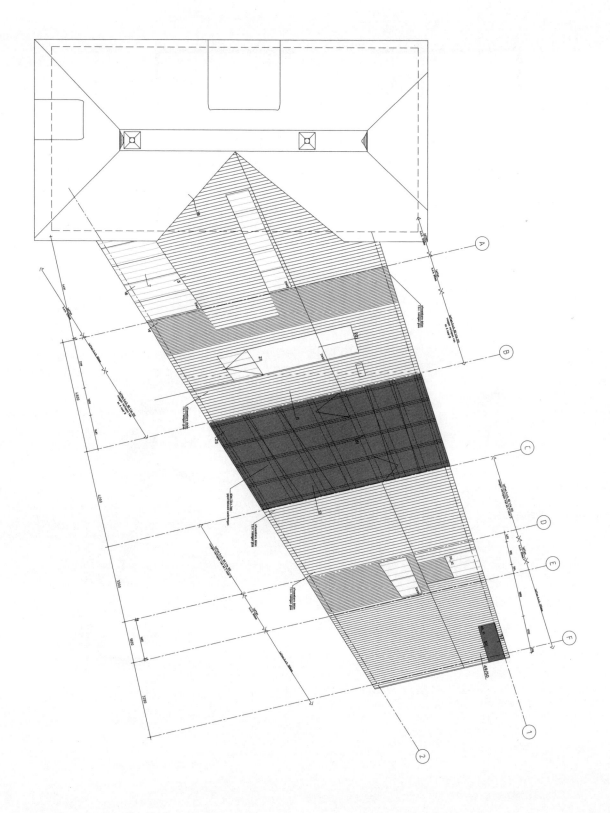

SeARCH   Hamerstraat 3   T +31 (0)20 788 99 00   getekend   03.10.2003
           NL-1021 JT Amsterdam   F +31 (0)20 788 99 11   gewijzigd

werk   Wolzak, Zutphen, NL   0221   onderwerp   dakaanzicht   410
opdrachtgever
fase   werktekeningen

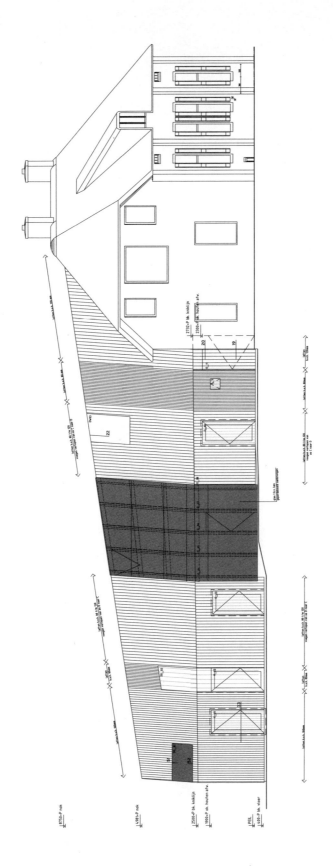

SeARCH Hamerstraat 3   T+31 (0)20 788 99 00   getekend   03.10.2003
        NL-1021 JT Amsterdam   F+31 (0)20 788 99 11   gewijzigd

werk   Wolzak, Zutphen, NL   0221   onderwerp   gevel   420
opdrachtgever
fase   werktekeningen

0   1m   5m

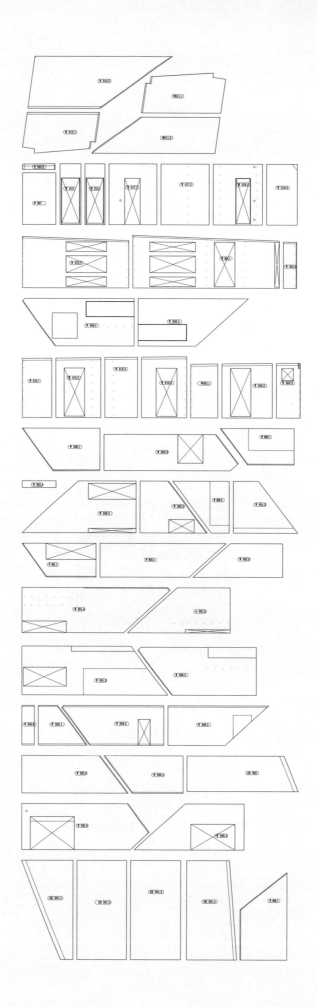

SeARCH Hamerstraat 3   T +31 (0)20 788 99 00   getekend   03.10.2003
           NL-1021 JT Amsterdam   F +31 (0)20 788 99 11   gewijzigd
werk   Wolzak, Zutphen, NL   0221   onderwerp   nesting schema   480
opdrachtgever
fase   werktekeningen

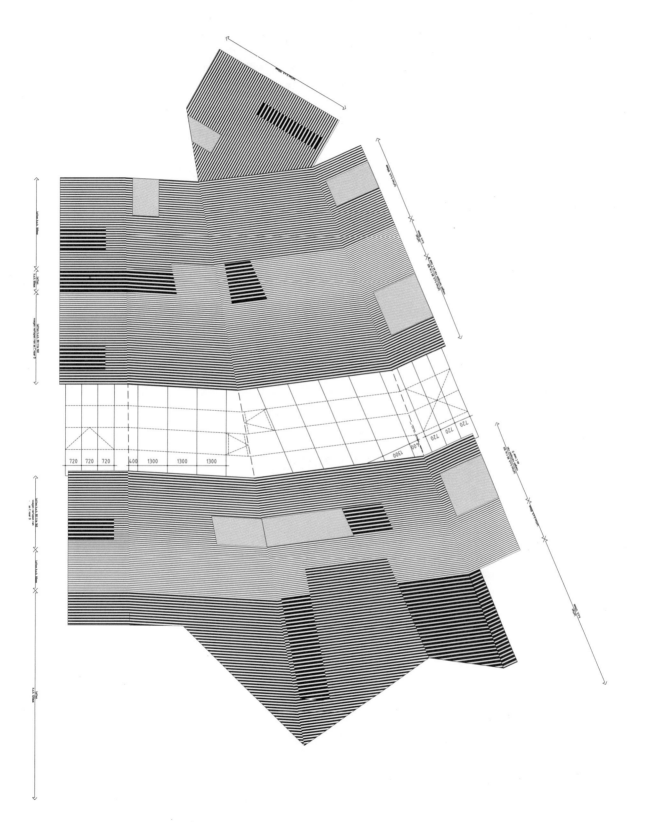

SeARCH	Hamerstraat 3 NL-1021 JT Amsterdam	T+31 (0)20 788 99 00 F+31 (0)20 788 99 11	getekend gewijzigd	03.10.2003
werk	Wolzak, Zutphen, NL	0221	onderwerp dakuitslag	490
opdrachtgever fase	werktekeningen			

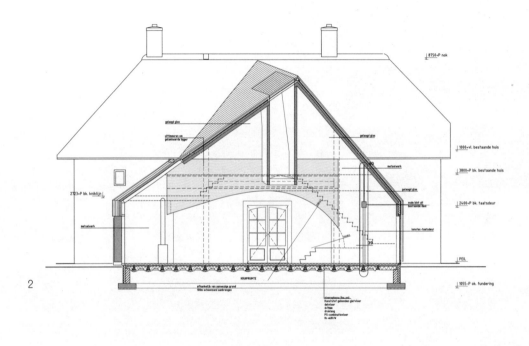

1

2

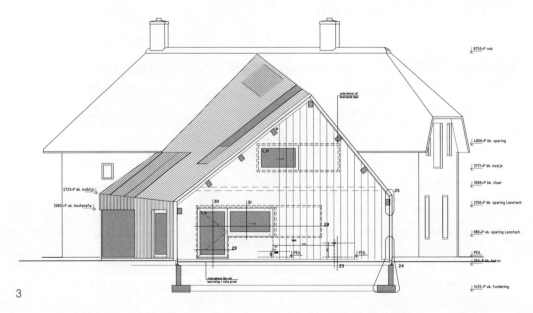

3

0   1m   5m

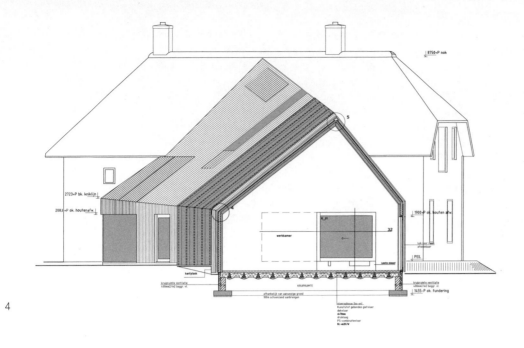

4

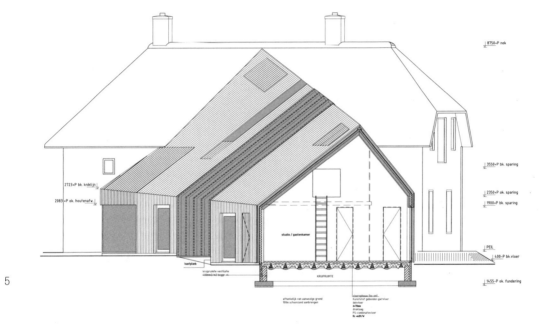

5

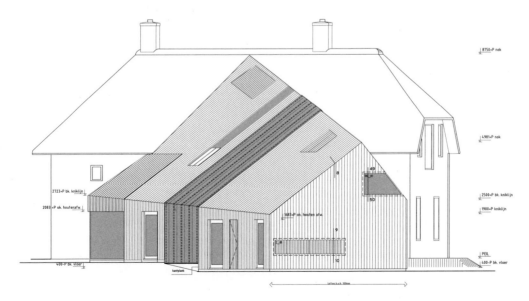

6

SeARCH	Hamerstraat 3 NL-1021 JT Amsterdam	T+31 (0)20 788 99 00 F+31 (0)20 788 99 11	getekend	03.10.2003
			gewijzigd	
werk	Wolzak, Zutphen, NL	0221	onderwerp	dwarsdoorsneden	430
opdrachtgever				
fase	werktekeningen			

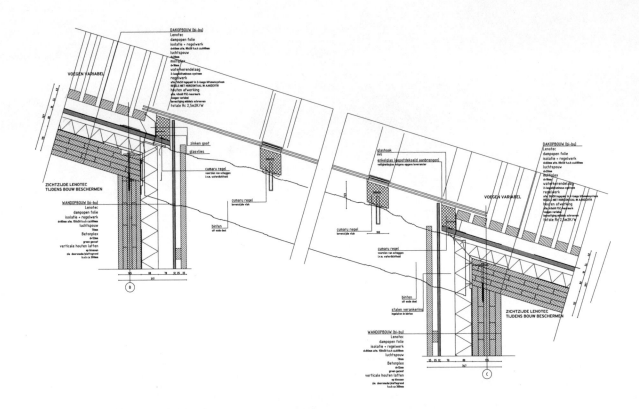

DAKOPBOUW (bi-bu)
Lenotec
dampopen folie
isolatie + regelwerk
d=80mm afm. 50x50 h.o.h ca.600mm
luchtspouw
d=9mm
multiplex
d=9mm
waterkerendelaag
regelwerk
2-laags bitumen system
afm 50x50 ingezaagd in 2-laags bitumensysteem
REGELS MET HORIZONTAAL IN AANZICHTE
houten afwerking
afw. 60x60 FSC-keurmerk
voegen variabel
bevestiging middels schroeven
totale Rc 2,5m2K/W

VOEGEN VARIABEL

ZICHTZIJDE LENOTEC
TIJDENS BOUW BESCHERMEN

WANDOPBOUW (bi-bu)
Lenotec
dampopen folie
isolatie + regelwerk
d=80mm afm. 50x50 h.o.h ca.600mm
luchtspouw
70mm
Betonplex
d=12mm
groen gezeef
verticale houten latten
op klossen
zie doorsnede/plattegrond
h.o.h ca 300mm

zinken goot
glasvlies

cumaru regel
voorzien van schaggen
i.v.m. waterdichtheid

cumaru regel
bovenzijde vlak

binten
t/f oude deel

glashaak
RVS

enkelglas (spatdeksel aanbrengen)
veiligheidsglas volgens opgave leverancier

cumaru regel
voorzien van schaggen
i.v.m. waterdichtheid

cumaru regel
bovenzijde vlak

binten
t/f oude deel

stalen verankering
ingelaten in binten

DAKOPBOUW (bi-bu)
Lenotec
dampopen folie
isolatie + regelwerk
d=80mm afm. 50x50 h.o.h ca.600mm
luchtspouw
d=9mm
multiplex
d=9mm
waterkerendelaag
regelwerk
2-laags bitumen system
afm 50x50 ingezaagd in 2-laags bitumensysteem
REGELS MET HORIZONTAAL IN AANZICHTE
houten afwerking
afw. 60x60 FSC-keurmerk
voegen variabel
bevestiging middels schroeven
totale Rc 2,5m2K/W

VOEGEN VARIABEL

ZICHTZIJDE LENOTEC
TIJDENS BOUW BESCHERMEN

WANDOPBOUW (bi-bu)
Lenotec
dampopen folie
isolatie + regelwerk
d=80mm afm. 50x50 h.o.h ca.600mm
luchtspouw
70mm
Betonplex
d=12mm
groen gezeef
verticale houten latten
op klossen
zie doorsnede/plattegrond
h.o.h ca 300mm

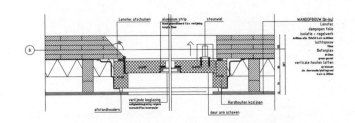

Lenotec afschuinen
aluminium strip
blank geanodiseerd t.b.v. verlijming
hoogte 5mm
steunwiel

WANDOPBOUW (bi-bu)
Lenotec
dampopen folie
isolatie + regelwerk
d=80mm afm. 50x50 h.o.h ca.600mm
luchtspouw
70mm
Betonplex
d=12mm
groen gezeef
verticale houten latten
op klossen
zie doorsnede/plattegrond
h.o.h ca 300mm

afstandhouders

verlijmde beglazing
veiligheidsbeglazing volgens
voorschriften leverancier

Hardhouten kozijnen

deur arm schaven

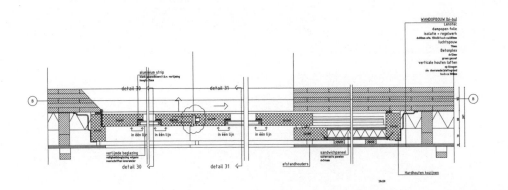

WANDOPBOUW (bi-bu)
Lenotec
dampopen folie
isolatie + regelwerk
d=80mm afm. 50x50 h.o.h ca.600mm
luchtspouw
70mm
Betonplex
d=12mm
groen gezeef
verticale houten latten
op klossen
zie doorsnede/plattegrond
h.o.h ca 300mm

aluminium strip
blank geanodiseerd t.b.v. verlijming
hoogte 5mm

detail 30
detail 31

cumaru regel

in één lijn   in één lijn   in één lijn   in één lijn

detail 30
detail 31

verlijmde beglazing
veiligheidsbeglazing volgens
voorschriften leverancier

afstandhouders

sandwichpaneel
waterwaste panelen
d=55mm

Hardhouten kozijnen

20x50

0   10cm   50cm

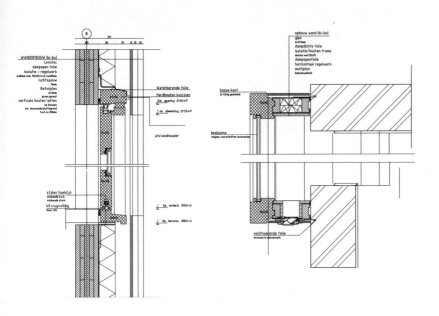

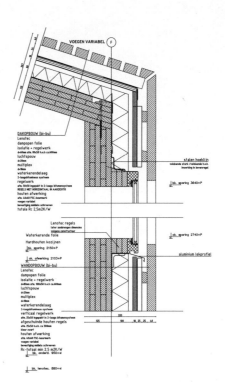

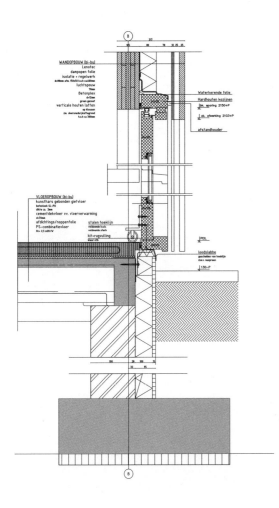

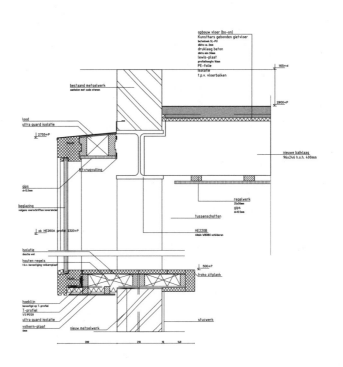

SeARCH	Hamerstraat 3 NL-1021 JT Amsterdam	T +31 (0)20 788 99 00 F +31 (0)20 788 99 11	getekend gewijzigd	03.10.2003
werk	Wolzak, Zutphen, NL		0221	onderwerp details	450
opdrachtgever				
fase	werktekeningen			

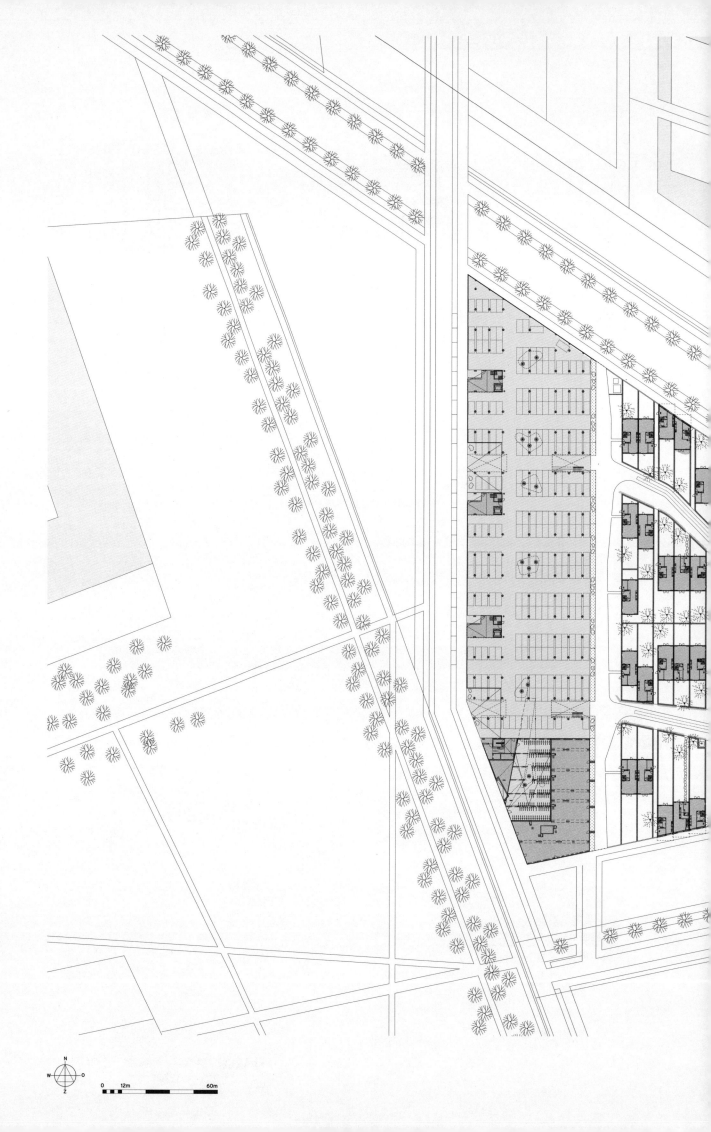

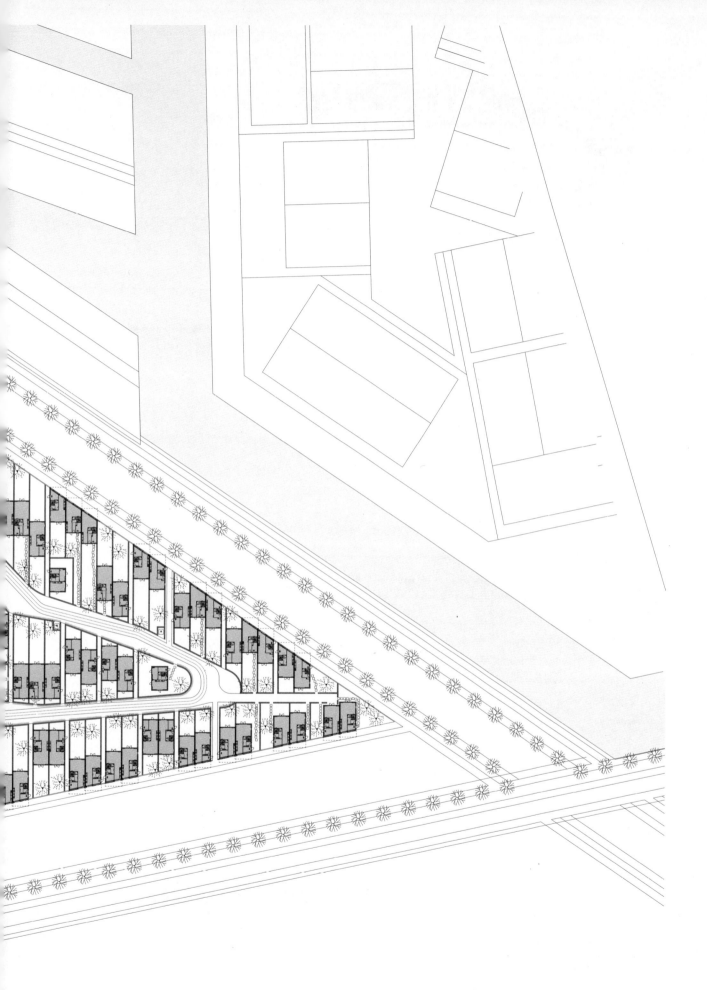

SeARCH	Hamerstraat 3 NL-1021 JT Amsterdam	T+31 (0)20 788 99 00 F+31 (0)20 788 99 11	getekend gewijzigd	
werk	Scherf 13, Leidsche Rijn, NL	**0029**	onderwerp	situatie
opdrachtgever	BPF Bouwinvest			**400**
fase	werktekeningen			

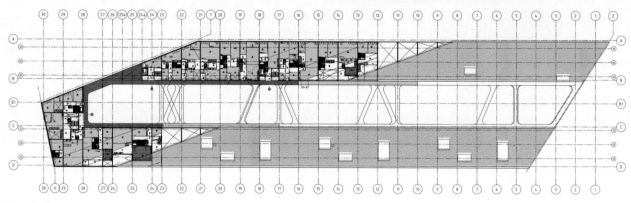

6e verdieping

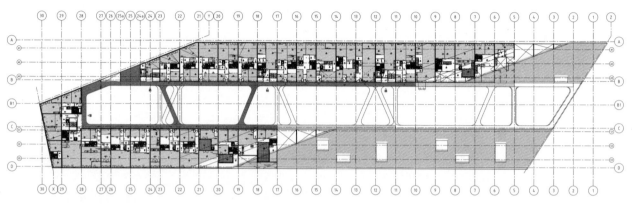

5e verdieping

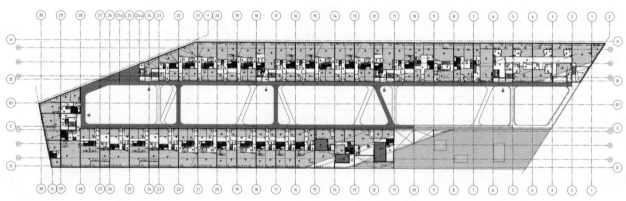

4e verdieping

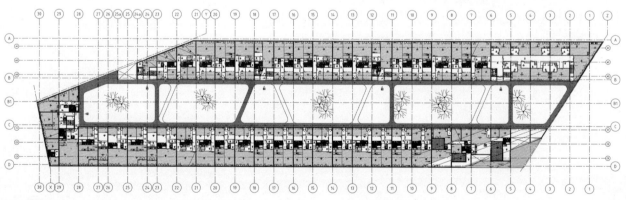

3e verdieping

SeARCH   Hamerstraat 3   T+31 (0)20 788 99 00   getekend
NL-1021 JT Amsterdam   F+31 (0)20 788 99 11   gewijzigd
werk   Scherf 13, Leidsche Rijn, NL   **0029**   onderwerp   plattegronden   **410**
opdrachtgever   BPF Bouwinvest
fase   werktekeningen

0   10m   50m

type P   type D   type K1

type ZP   type ZK

type MP'   type MD   type MK

SeARCH   Hamerstraat 3   T=31 (0)20 788 99 00   getekend
                NL-1021 JT Amsterdam   F=31 (0)20 788 99 11   gewijzigd

werk   Scherf 13, Leidsche Rijn, NL   0029   onderwerp   woningtypes   460
opdrachtgever   BPF Bouwinvest
fase   werktekeningen

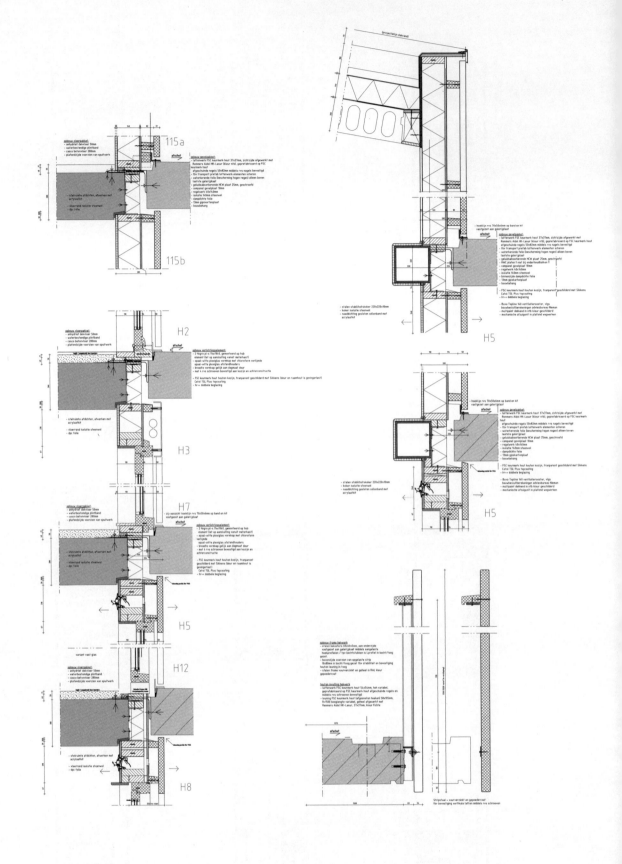

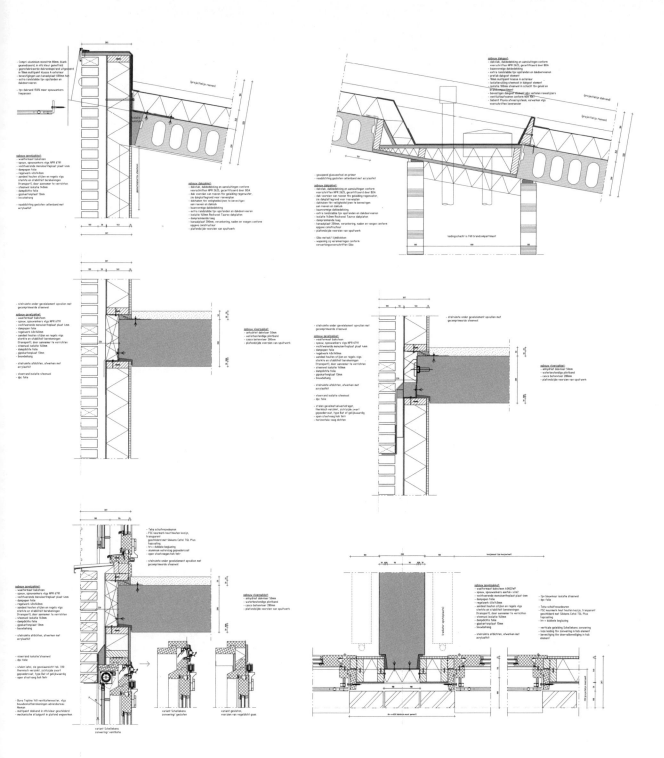

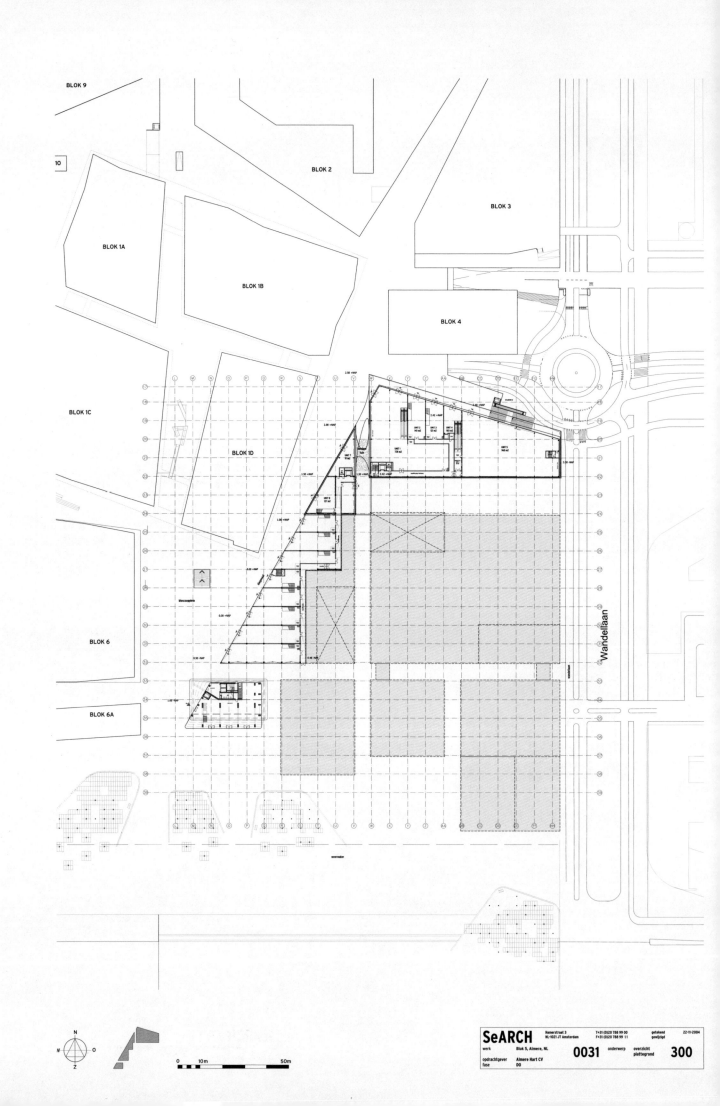

BLOK 9

BLOK 2

BLOK 3

BLOK 1A

BLOK 1B

BLOK 4

BLOK 1C

BLOK 1D

BLOK 6

BLOK 6A

Wandellaan

N
O
Z

0   10m   50m

SeARCH   Hamerstraat 3   T+31 (0)20 788 99 00   getekend   22-11-2004
          NL-1021 JT Amsterdam   F+31 (0)20 788 99 11   gewijzigd
werk   Blok 5, Almere, NL   0031   onderwerp   overzicht   300
opdrachtgever   Almere Hart CV   plattegrond
fase   DO

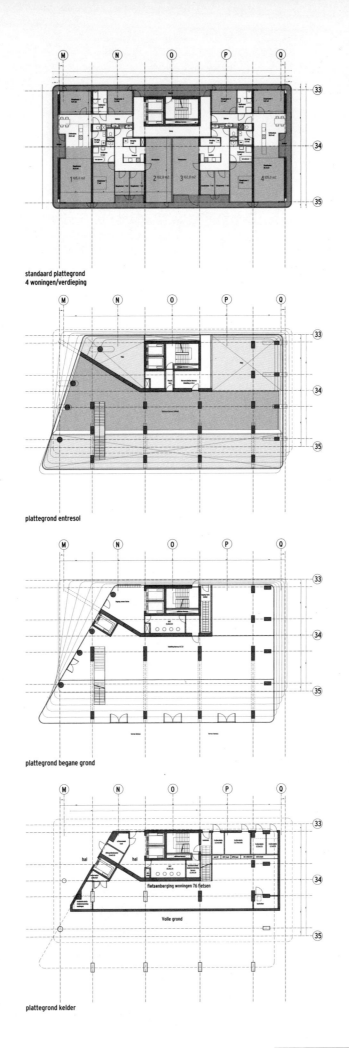

standaard plattegrond
4 woningen/verdieping

plattegrond entresol

plattegrond begane grond

plattegrond kelder

0   3m   15m

SeARCH	Hamerstraat 3 NL-1021 JT Amsterdam	T+31 (0)20 788 99 00 F+31 (0)20 788 99 11		getekend gewijzigd	22-11-2004
werk	Blok 5, Almere, NL	**0031**	onderwerp	plattegronden toren	**310**
opdrachtgever fase	Almere Hart CV DO				

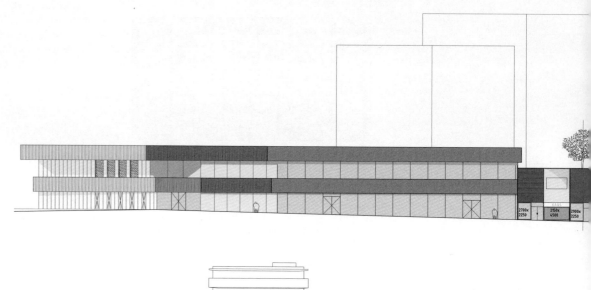

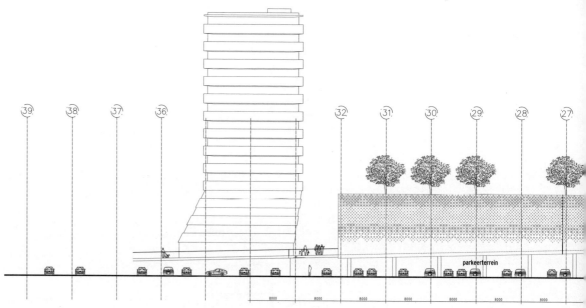

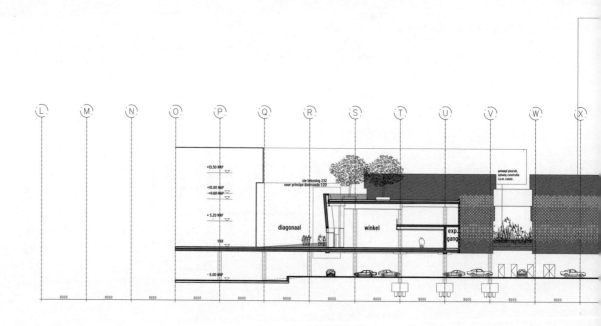

parkeerterrein

diagonaal   winkel   exp. gang

+13.50 NAP
+10.00 NAP
+9.00 NAP
+ 5.20 NAP
VAR
- 5.00 NAP

zie tekening 232
voor principe doorsnede 1:20

0   4m   20m

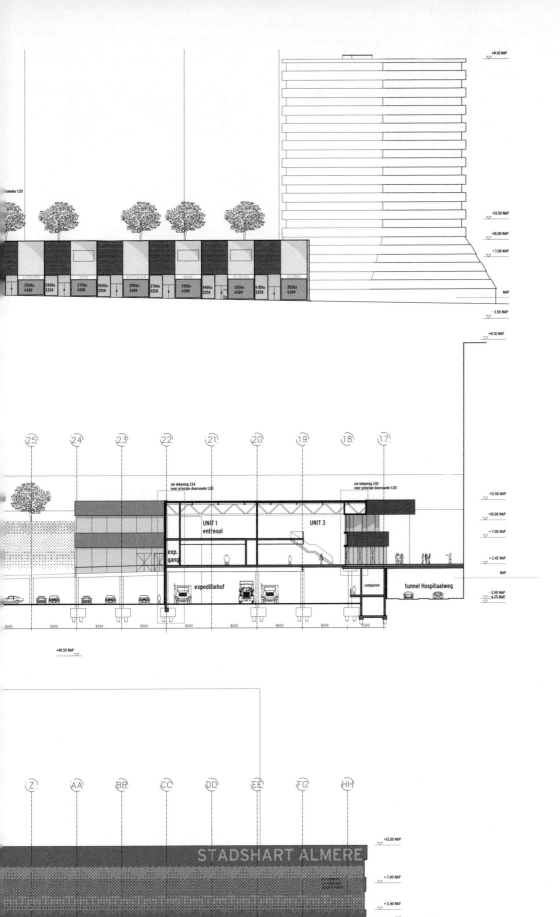

STADSHART ALMERE

UNIT 1
entresol

UNIT 3

exp.
gang

expeditiehof

compactor

tunnel Hospitaalweg

zie tekening 234
voor principe doorsnede 1:20

zie tekening 230
voor principe doorsnede 1:20

voor informatie parkeerterrein zie tekening Copijn

SeARCH	Hamerstraat 3	T+31 (0)20 788 99 00	getekend	22-11-2004
	NL-1021 JT Amsterdam	F+31 (0)20 788 99 11	gewijzigd	
werk	Blok 5, Almere, NL	0031	onderwerp	doorsneden	320
opdrachtgever	Almere Hart CV			
fase	DO			

Soft Edge zilverparkkade

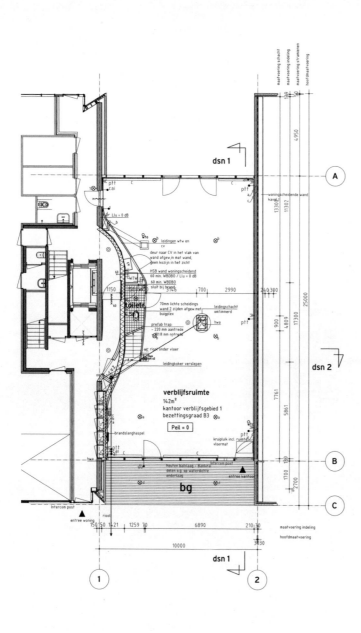

dsn 1

A

dsn 2

B

C

1

2

dsn 1

verblijfsruimte
142m²
kantoor verblijfsgebied 1
bezettingsgraad B3
Peil = 0

toilet

bg

toilet

leidingen wtw en
tv
deur naar CV in het vlak van
wand afgew.in mat wand,
geen kozijn in het zicht

HSB wand woningscheidend
60 min. WBDBO / Llu = 0 dB
60 min. WBDBO
sluit bij b.g.vl.

70mm lichte scheidings
wand 2 zijden afgew.met
buigplex

prefab trap:
- 220 mm aantrede
Ø18 mm nottrap

riool onder vloer

leidingkoker verslepen

brandslanghaspel

kruipluik incl. ruimte
vloermat

Intercom post

entree woning

Intercom post

entree kantoor

leidingschacht
oninmeerd

hwa

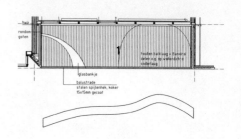

1

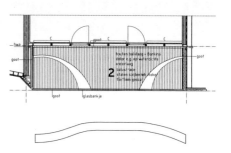

2

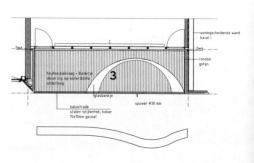

3

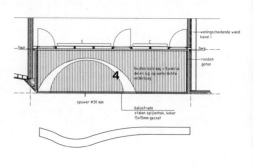

4

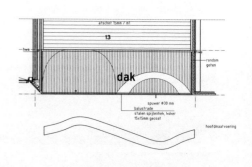

13

dak

N
W   O
S

0   1m   5m

SeARCH   Hamerstraat 3   T+31 (0)20 788 99 00   getekend   17-06-2003
                NL-1021 JT Amsterdam   F+31 (0)20 788 99 11   gewijzigd

werk   Zilverparkkade
                Lelystad, NL   0218   onderwerp   plattegronden   310
opdrachtgever   Klok Druten Ontwikkeling / Terhorst Vastgoed
fase   bouwaanvraag

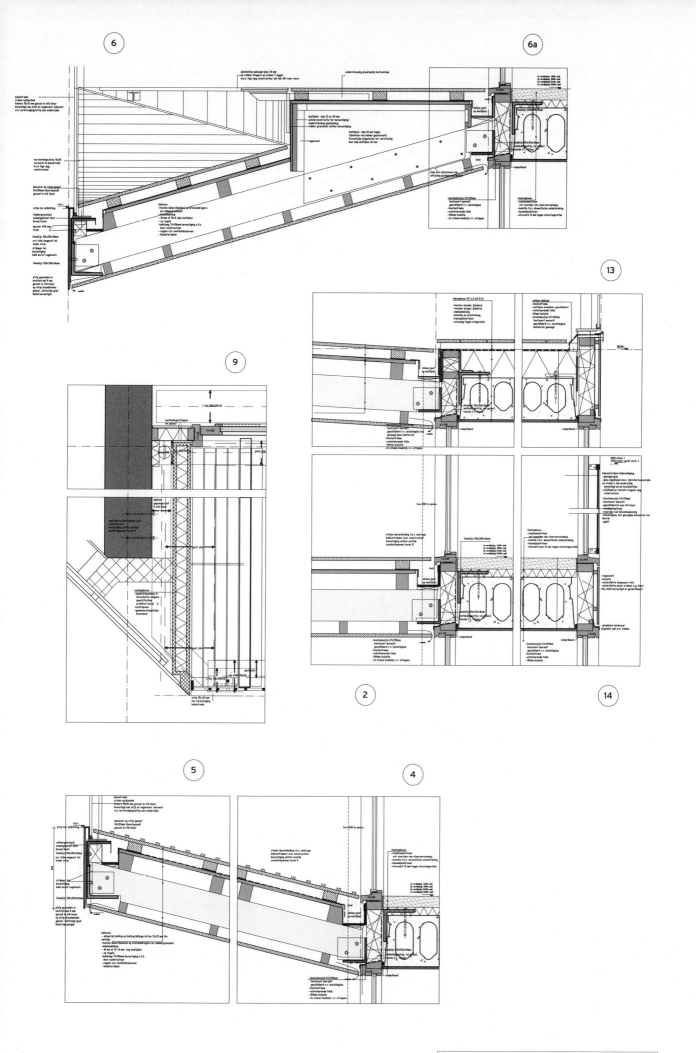

SeARCH Hamerstraat 3   T+31 (0)20 788 99 00   getekend   17-06-2003
        NL-1021 JT Amsterdam F+31 (0)20 788 99 11   gewijzigd

werk   Zilverparkkade
              Lelystad, NL   0218   onderwerp details   350
opdrachtgever Klok Druten Ontwikkeling / Terhorst Vastgoed
fase   bouwaanvraag

Pakloods III

Pakloods II

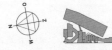

0   3m   15m

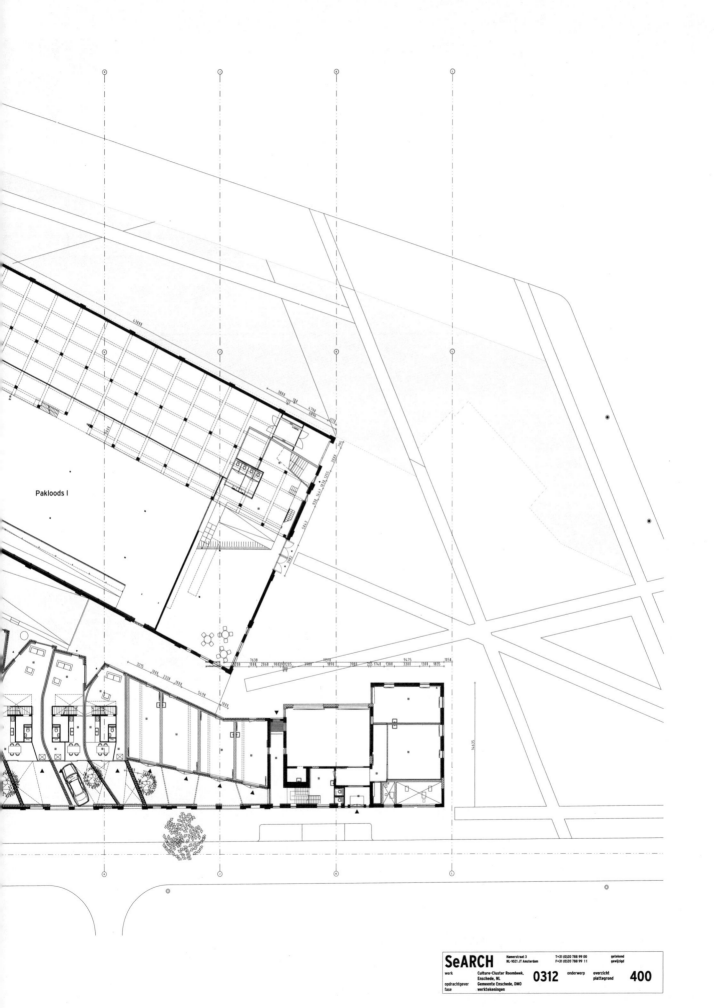

Pakloods I

SeARCH   Hamerstraat 3   T +31 (0)20 788 99 00   getekend
              NL-1021 JT Amsterdam   F +31 (0)20 788 99 11   gewijzigd
werk   Culture-Cluster Roombeek,   0312   onderwerp   overzicht   400
         Enschede, NL   plattegrond
opdrachtgever Gemeente Enschede, DMO
fase   werktekeningen

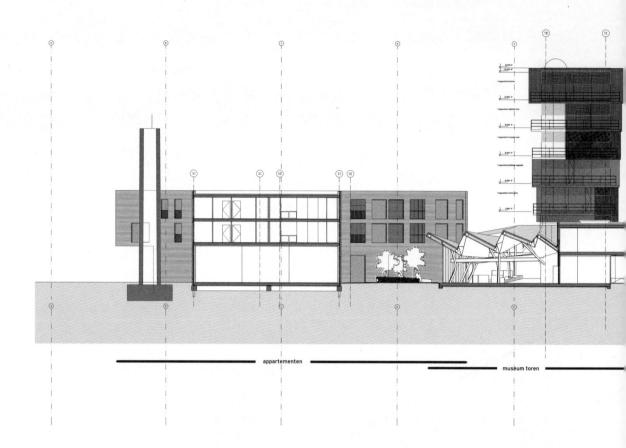

appartementen   museum toren

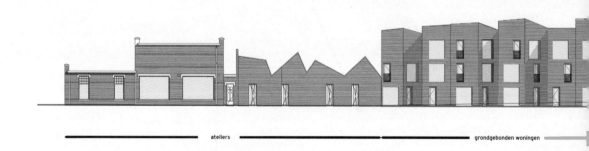

ateliers   grondgebonden woningen

0 3m   15m

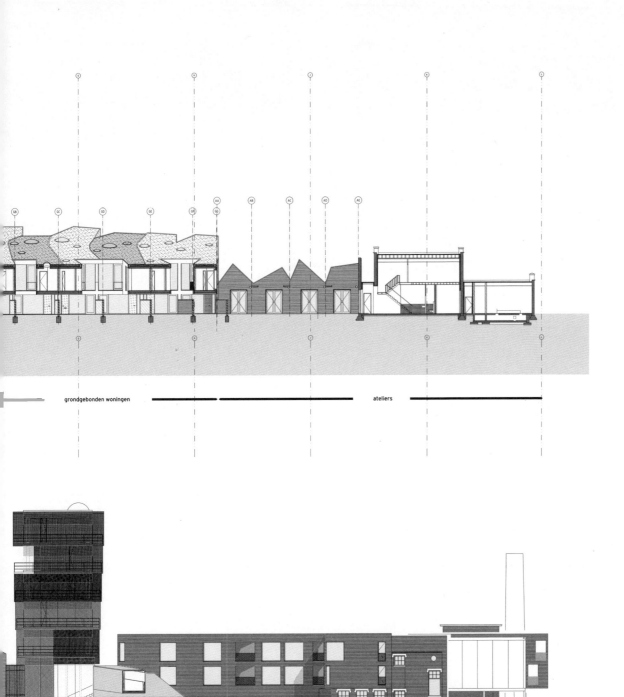

grondgebonden woningen   ateliers

museum toren   appartementen   CBK

SeARCH   Hamerstraat 3   T +31 (0)20 788 99 00   getekend
  NL-1021 JT Amsterdam   F +31 (0)20 788 99 11   gewijzigd

werk   Culture-Cluster Roombeek,   **0312**   onderwerp   langsdoorsnede   **420**
  Enschede, NL   binnenstraat
opdrachtgever   Gemeente Enschede, DMO
fase   werktekeningen

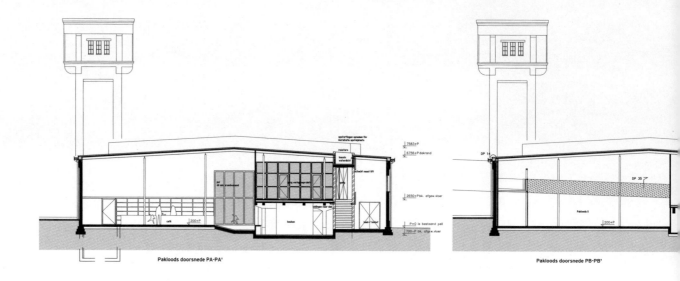

Pakloods doorsnede PA-PA'

Pakloods doorsnede PB-PB'

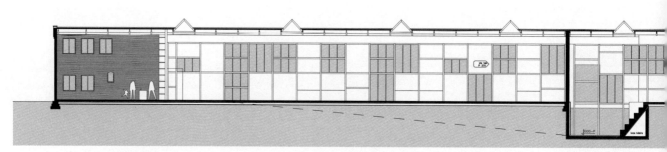

Pakloods doorsnede PE-PE'

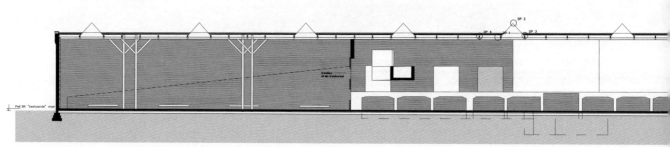

Pakloods doorsnede PD-PD'

0   2m   10m

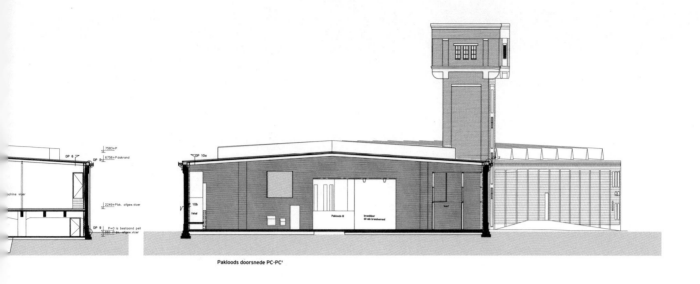

Pakloods doorsnede PC-PC'

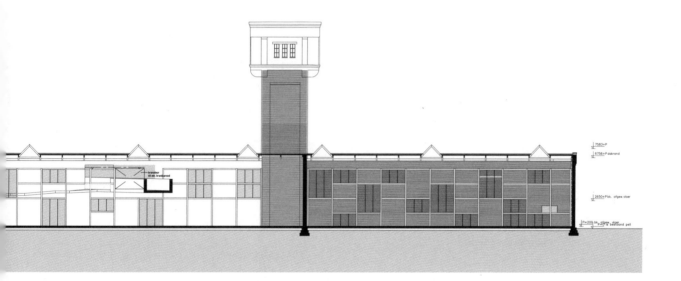

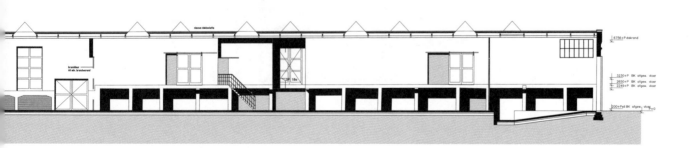

SeARCH	Hamerstraat 3 NL-1021 JT Amsterdam	T+31 (0)20 788 99 00 F+31 (0)20 788 99 11	getekend gewijzigd	
werk	Culture-Cluster Roombeek, Enschede, NL	0312	onderwerp	pakloods
opdrachtgever	Gemeente Enschede, DMO			doorsneden
fase	werktekeningen			P430

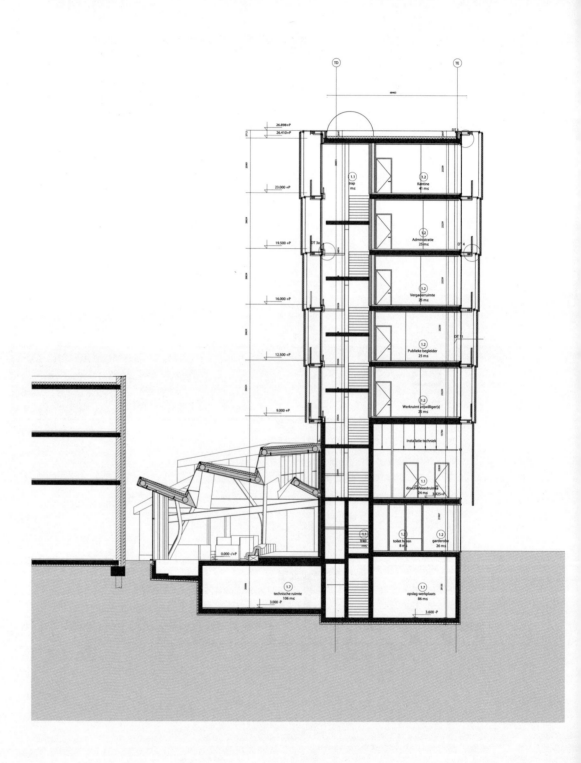

0   1.6m   8m

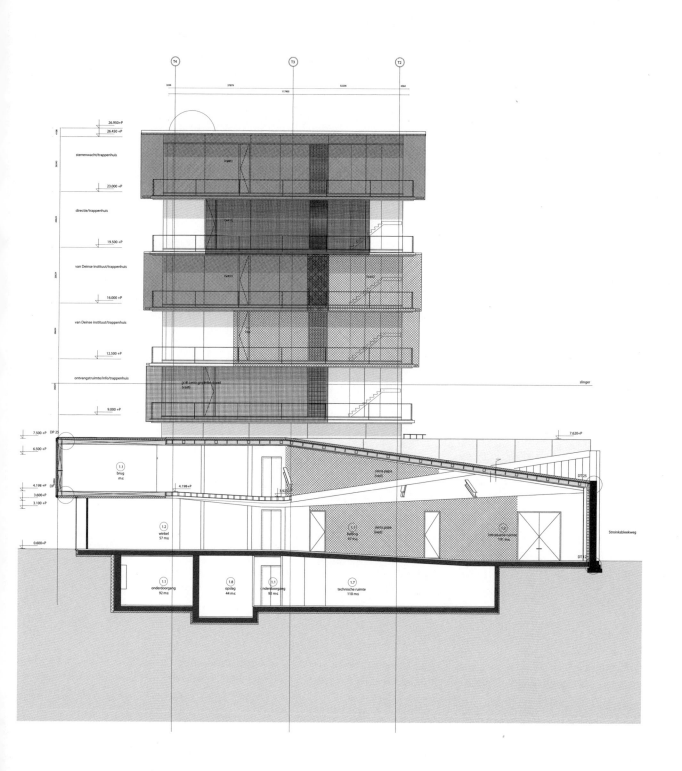

SeARCH | Hamerstraat 3 NL-1021 JT Amsterdam | T+31 (0)20 788 99 00 F+31 (0)20 788 99 11 | getekend gewijzigd
werk | Culture-Cluster Roombeek, Enschede, NL | 0312 | onderwerp | doorsneden
opdrachtgever | Gemeente Enschede, DMO | | | toren | T430
fase | werktekeningen

42
134
234

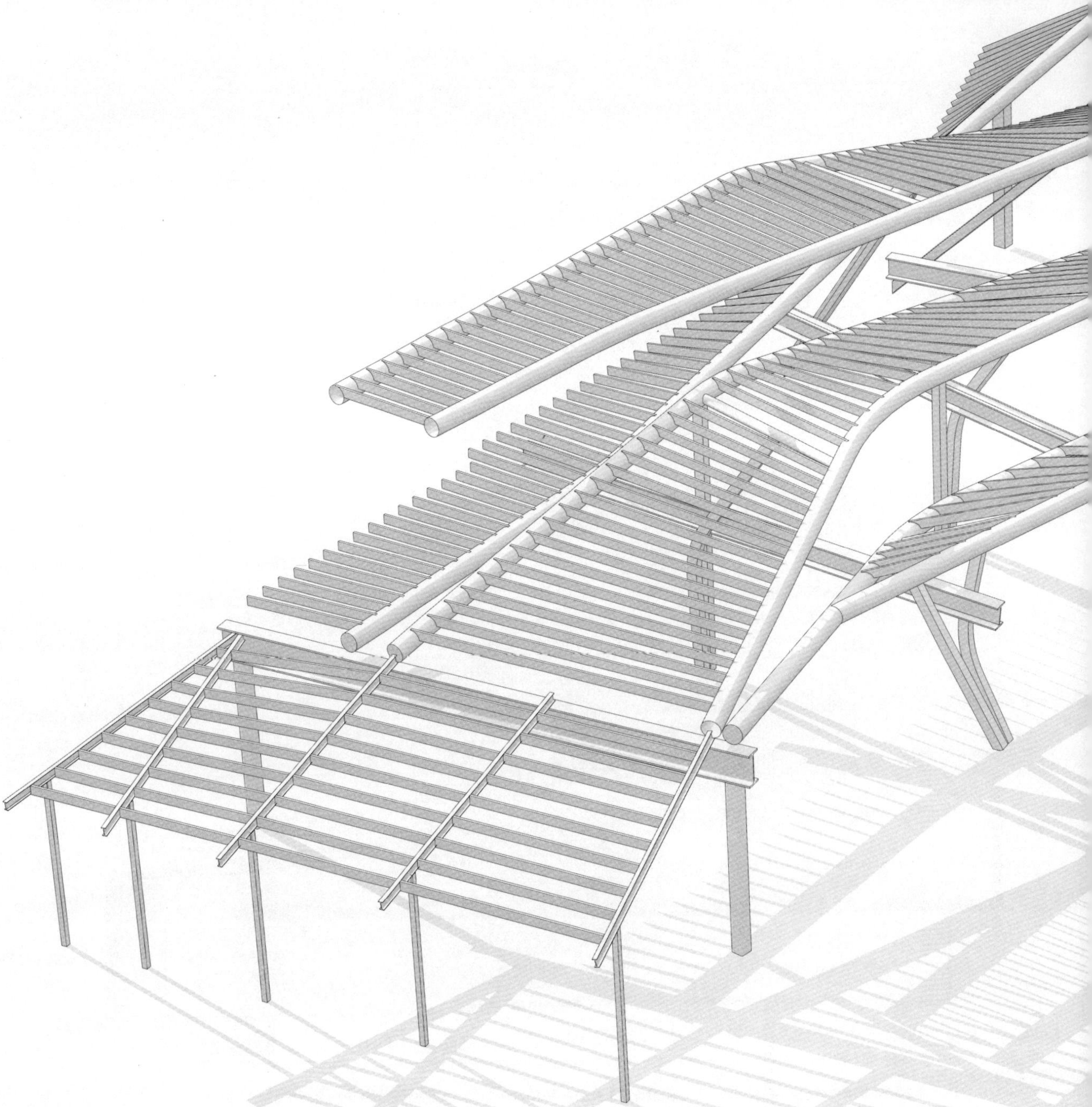

SeARCH Hamerstraat 3
NL-1021 JT Amsterdam

T+31 (0)20 788 99 00
F+31 (0)20 788 99 11

getekend
gewijzigd

werk   Culture-Cluster Roombeek,
            Enschede, NL
opdrachtgever Gemeente Enschede, DMO
fase   werktekeningen

0312   onderwerp   3d constructie
                     shed-dak   **T480**

SeARCH Hamerstraat 3
NL-1021 JT Amsterdam

T+31 (0)20 788 99 00
F+31 (0)20 788 99 11

getekend
gewijzigd

werk   Culture-Cluster Roombeek,
            Enschede, NL
opdrachtgever Gemeente Enschede, DMO
fase   werktekeningen

0312   onderwerp   3d constructie
                     shed-dak   **T480**

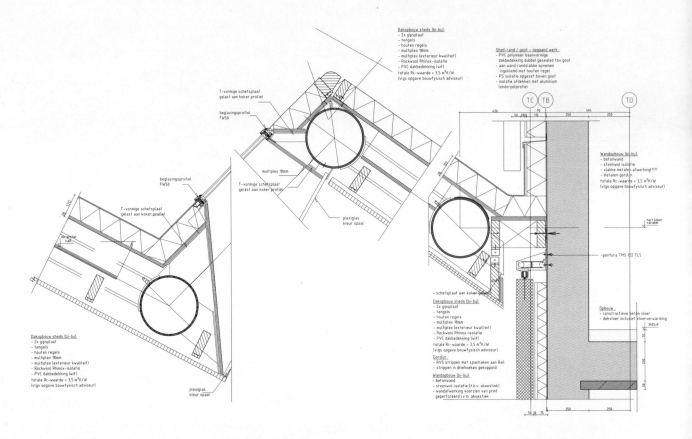

Dakopbouw sheds (bi-bu):
- 2x gipsplaat
- tengels
- houten regels
- multiplex 18mm
- multiplex (exterieur kwaliteit)
- Rockwool Rhinox-isolatie
- PVC dakbedekking (wit)
totale Rc-waarde = 3,5 m²K/W
(vlgs opgave bouwfysisch adviseur)

Shed-rand / goot - opgaand werk:
- PVC polymeer baanvormige
  dakbedekking dubbel geseald tbv goot
  aan wand randslabbe opnemen
  ingeklemd met houten regel
- PS isolatie opgezet boven goot
- isolatie afdekken met aluminium
  lekdorpelprofiel

T-vormige schetsplaat
gelast aan koker profiel

beglazingsprofiel
FW50

beglazingsprofiel
FW50

T-vormige schetsplaat
gelast aan koker profiel

T-vormige schetsplaat
gelast aan koker profiel

plexiglas
kleur opaal

bk-profiel
VAR

Wandopbouw (bi-bu):
- betonwand
- steenwol isolatie
- vlakke metalen afwerking!?!?!
- metalen gordijn
totale Rc-waarde = 3,5 m²K/W
(vlgs opgave bouwfysisch adviseur)

hart koker
variabel

-pentura TMS 122 TL5

- schetsplaat aan koker gelast

Dakopbouw sheds (bi-bu):
- 2x gipsplaat
- tengels
- houten regels
- multiplex 18mm
- multiplex (exterieur kwaliteit)
- Rockwool Rhinox-isolatie
- PVC dakbedekking (wit)
totale Rc-waarde = 3,5 m²K/W
(vlgs opgave bouwfysisch adviseur)

Gordijn:
- RVS strippen met spanhaken aan Rail
- strippen in driehoeken gekoppeld

Wandopbouw (bi-bu):
- betonwand
- steenwol-isolatie (t.b.v. akoestiek)
- wandafwerking voorzien van print
  geperforeerd i.v.m. akoestiek

Opbouw:
- constructieve beton vloer
- dekvloer inclusief vloerverwarming

Dakopbouw sheds (bi-bu):
- 2x gipsplaat
- tengels
- houten regels
- multiplex 18mm
- multiplex (exterieur kwaliteit)
- Rockwool Rhinox-isolatie
- PVC dakbedekking (wit)
totale Rc-waarde = 3,5 m²K/W
(vlgs opgave bouwfysisch adviseur)

plexiglas
kleur opaal

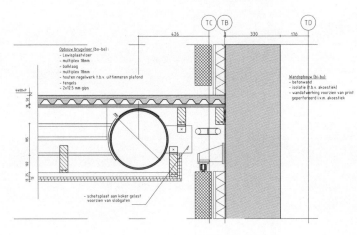

Opbouw brugvloer (bo-be):
- Lewisplaatvloer
- multiplex 18mm
- balklaag
- multiplex 18mm
- houten regelwerk t.b.v. uittimmeren plafond
- tengels
- 2x12.5 mm gips

Wandopbouw (bi-bu):
- betonwand
- isolatie (t.b.v. akoestiek)
- wandafwerking voorzien van print
  geperforeerd i.v.m. akoestiek

- schetsplaat aan koker gelast
  voorzien van slobgaten

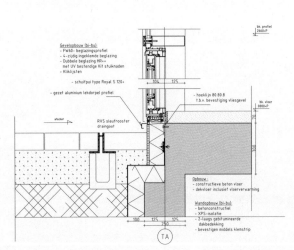

Gevelopbouw (bi-bu):
- FW60- beglazingsprofiel
- 4-zijdig ingeklemde beglazing
- Dubbele beglazing HR++
  met UV bestendige Kit stuiknaden
- Kliklijsten

- schuifpui type Royal S 120+

- gezet aluminium lekdorpel profiel

RVS sleufrooster
draingoot

afschot

- hoeklijn 80.80.8
  t.b.v. bevestiging vliesgevel

bk. profiel
2660+P

bk. profiel

bk. vloer
0900+P

Opbouw:
- constructieve beton vloer
- dekvloer inclusief vloerverwarming

Wandopbouw (bi-bu):
- betonconstructief
- XPS-isolatie
- 2-laags gebitumineerde
  dakbedekking
- bevestigen middels klemstrip

TA

0   10cm   50cm

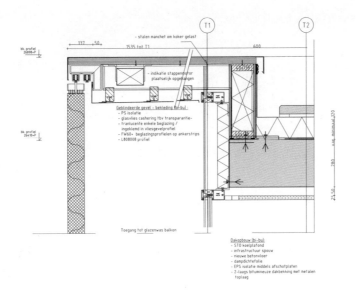

- stalen manchet om koker gelast
- indikatie stappenmotor plaatselijk opgehangen

bk. profiel 26898+P

bk. profiel 26418+P

137 50 1535 tot T1 600

T1 T2

Geblindeerde gevel - bekleding (bi-bui):
- PS isolatie
- glasvlies cashering tbv transparantie-
- tranlucente enkele beglazing / ingeklemd in vliesgevelprofiel
- FW60+ beglazingsprofielen op ankerstrips
- L80.80.08 profiel

van. minimaal 120

280

2150

Toegang tot glazenwas balkon

Dakopbouw (bi-bui):
- STO koelplafond
- infrastructuur spouw
- nieuwe betonvloer
- dampdichtefolie
- EPS isolatie middels afschotplaten
- 2-laags bitumineuze dakbekking met metalen toplaag

Opbouw :
- RVS traanplaat gezet en stuiknaden op neopreen en foamband bevestigd middels klangen
- 40mm multiplex balkon op de staal consoles (1500 mm h.o.h)
- Ankerrail met scharnieren + ophanging (metaalweefsel gordijnen)
- demontabele gemoffelde plafondplaat in klik systeem
- Baluster thermisch verzinkt met gaten tbv spankabel
- spankabel met spanners rondom opnemen

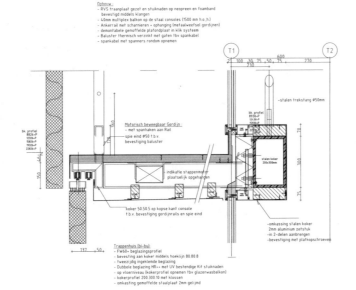

T1 T2

2 100 30 75 50 75 270
210 600

-stalen trekstang Ø50mm

bk. profiel 8930+P 10436+P 15408+P

70

bk. profiel 8826+P 12326+P 15406+P 19326+P 22826+P

Motorisch beweegbaar Gordijn :
- met spanhaken aan Rail
- spie eind Ø50 t.b.v. bevestiging baluster

stalen koker 200x300mm

300

indikatie stappenmotor plaatselijk opgehangen

951

75

koker 50.50.5 op kopse kant console t.b.v. bevestiging gordijnrails en spie eind

-omkassing stalen koker
2mm aluminium zetstuk
-in 2-delen aanbrengen
-bevestiging met platkopschroeven

Trappenhuis (bi-bui):
- FW60+ beglazingsprofiel
- bevestiging aan koker middels hoeklijn 80.80.8
- tweezijdig ingeklemde beglazing
- Dubbele beglazing HR++ met UV bestendige Kit stuiknaden
- op vloerniveau (kokerprofiel opnemen tbv glazenwasbalkon)
- kokerprofiel 200.300.10 met klossen
- omkasting gemoffelde staalplaat 2mm gelijmd

137 50

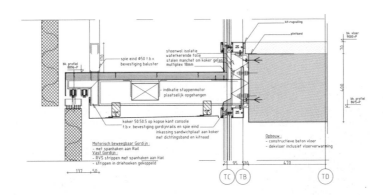

kit+rugvulling
plintband

bk. vloer 9000+P

70

bk. profiel 8896+P

spie eind Ø50 t.b.v. bevestiging baluster

steenwol isolatie
waterkerende folie
stalen manchet om koker gelast
multiplex 18mm

indikatie stappenmotor plaatselijk opgehangen

600

bk. profiel 8615+P

koker 50.50.5 op kopse kant console t.b.v. bevestiging gordijnrails en spie eind
inkassing sandwichplaat aan koker met dichtingsband en kitnaad

Motorisch beweegbaar Gordijn :
- met spanhaken aan Rail
Vast Gordijn :
- RVS strippen met spanhaken aan Rail
- strippen in driehoeken gekoppeld

Opbouw :
- constructieve beton vloer
- dekvloer inclusief vloerverwarming

137 50

21 95 530 470

TC TB TD

SeARCH
Hamerstraat 3
NL-1021 JT Amsterdam
T+31 (0)20 788 99 00
F+31 (0)20 788 99 11
getekend
gewijzigd

werk Culture-Cluster Roombeek, Enschede, NL 0312 onderwerp details
opdrachtgever Gemeente Enschede, DMO toren T450
fase werktekeningen

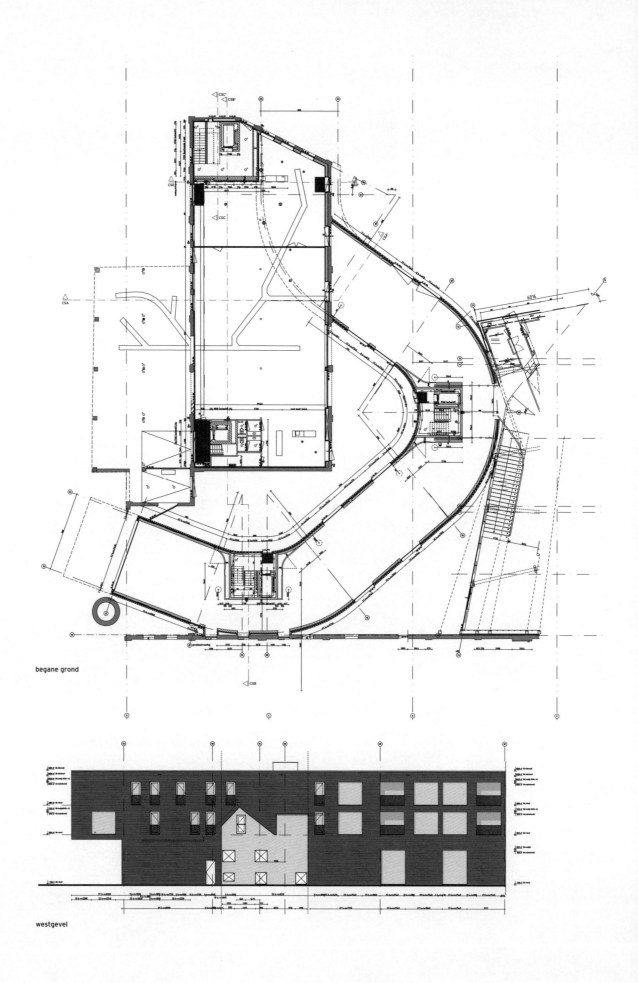

begane grond

westgevel

0   2m   10m

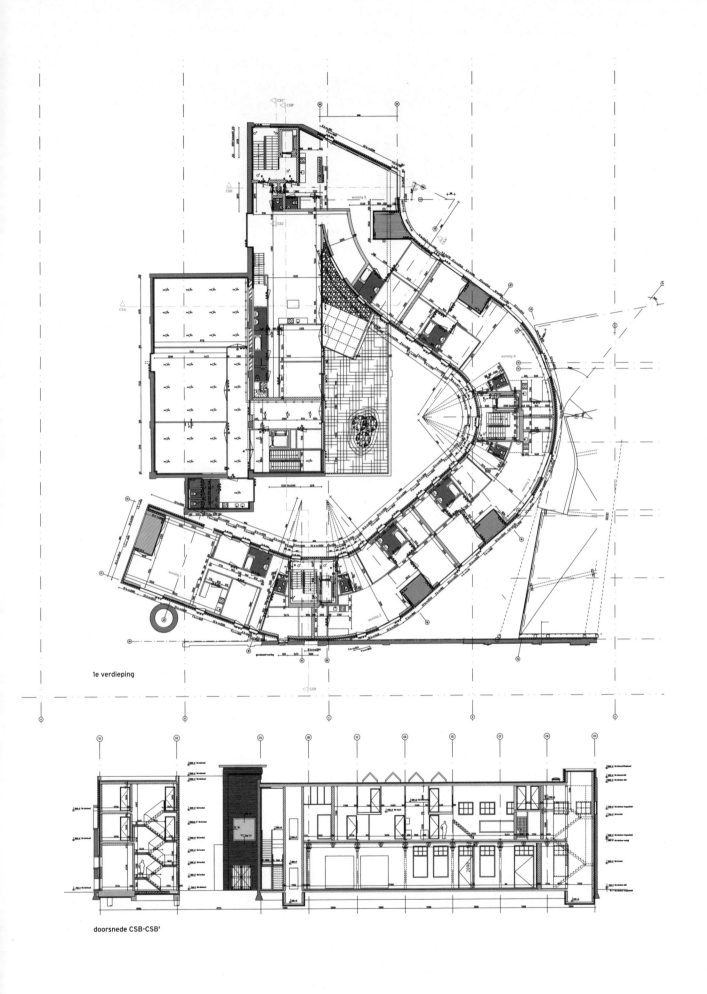

1e verdieping

doorsnede CSB-CSB'

SeARCH　Hamerstraat 3　T+31 (0)20 788 99 00　getekend
NL-1021 JT Amsterdam　F+31 (0)20 788 99 11　gewijzigd

werk　Culture-Cluster Roombeek,　**0312**　onderwerp　CBK / Slinger　**C430**
　　Enschede, NL.　　　　plattegronden
opdrachtgever　Gemeente Enschede, DMO　　　doorsneden
fase　werktekeningen

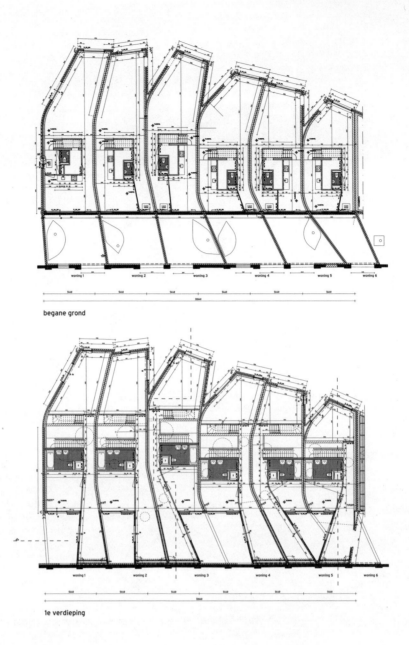

begane grond

1e verdieping

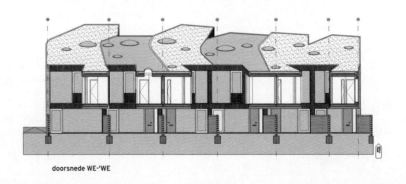

doorsnede WE-'WE

0   2m   10m

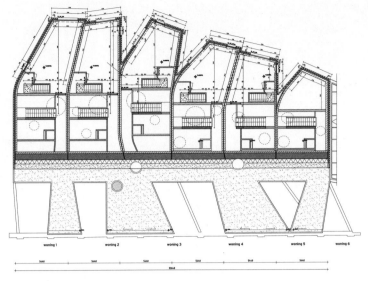

2e verdieping

woning 1 | woning 2 | woning 3 | woning 4 | woning 5 | woning 6

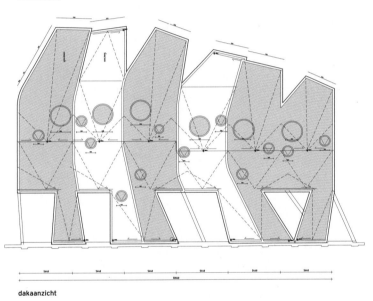

dakaanzicht

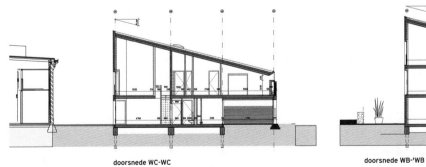

doorsnede WC-WC

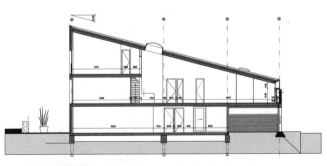

doorsnede WB-'WB

SeARCH
Hamerstraat 3
NL-1021 JT Amsterdam
T +31 (0)20 788 99 00
F +31 (0)20 788 99 11
getekend
gewijzigd

werk   Culture-Cluster Roombeek,
           Enschede, NL
opdrachtgever   Gemeente Enschede, DMO
fase   werktekeningen

0312

onderwerp   woningen
             plattegronden
             doorsneden

W430

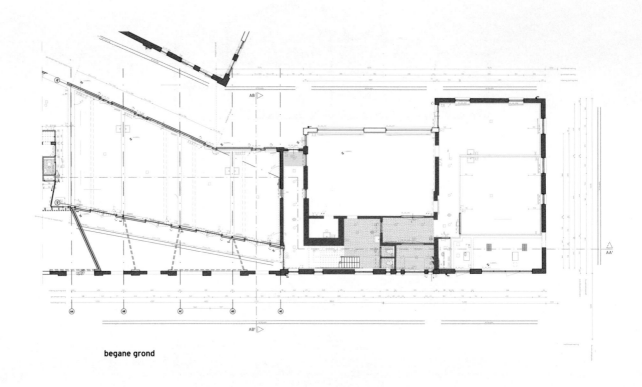

begane grond

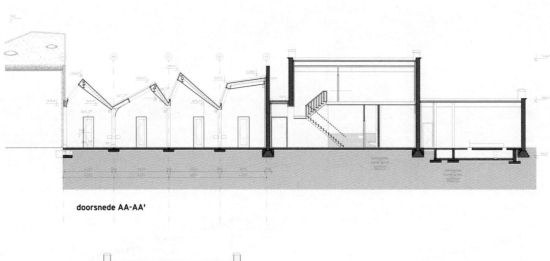

doorsnede AA-AA'

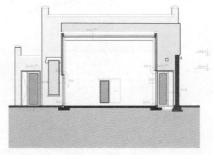

doorsnede AB-AB'

0   2m   10m

west gevel (aanzicht bestaande muur)

oost gevel

west gevel (binnen gevel)

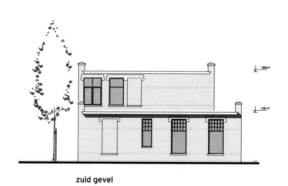

zuid gevel

SeARCH	Hamerstraat 3 NL-1021 JT Amsterdam	T+31 (0)20 788 99 00 F+31 (0)20 788 99 11	getekend gewijzigd	
werk	Culture-Cluster Roombeek, Enschede, NL	0312	onderwerp	ateliers	A430
opdrachtgever	Gemeente Enschede, DMO			plattegrond	
fase	werktekeningen			doorsneden / gevels	

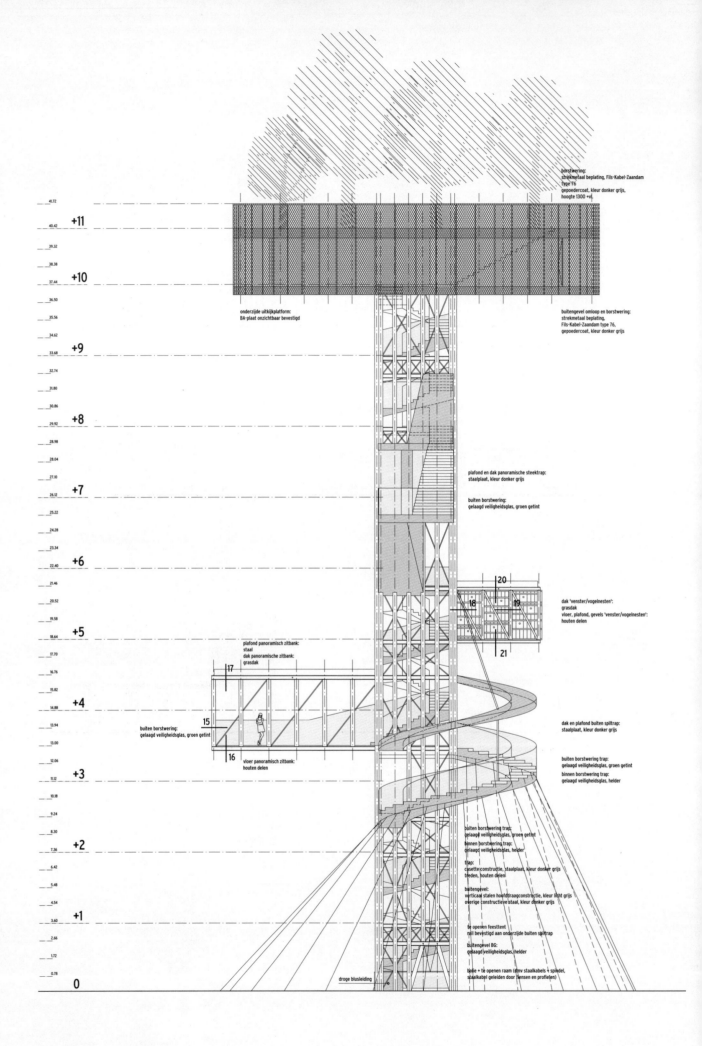

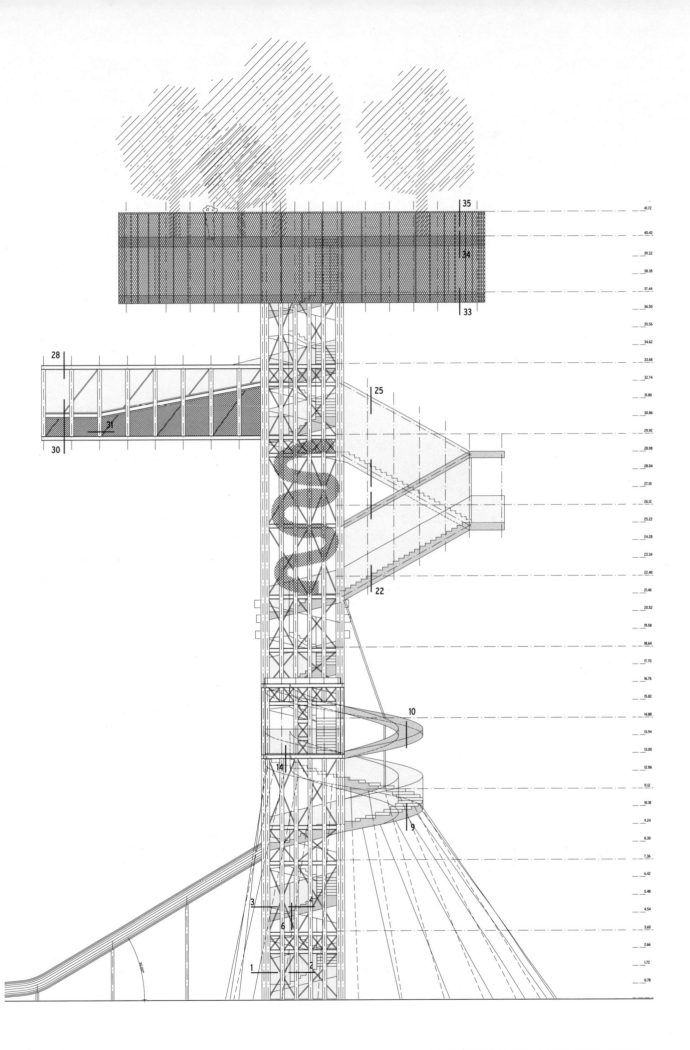

SeARCH
Hamerstraat 3
NL-1021 JT Amsterdam
T+31 (0)20 788 99 00
F+31 (0)20 788 99 11
getekend
gewijzigd

werk   Schovenhorst, Putten, NL   0407   onderwerp   gevels   320
opdrachtgever   Stichting Schovenhorst   toren
fase   bestektekeningen

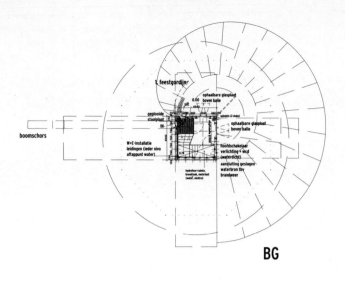

BG

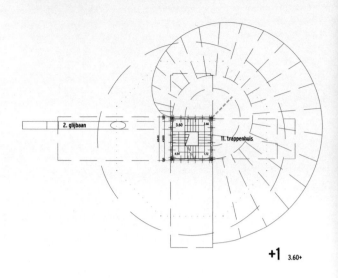

+1 3.60+

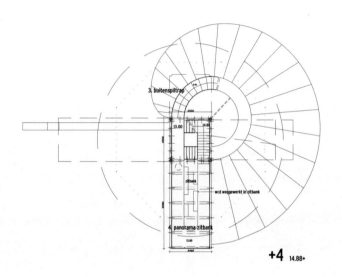

+4 14.88+

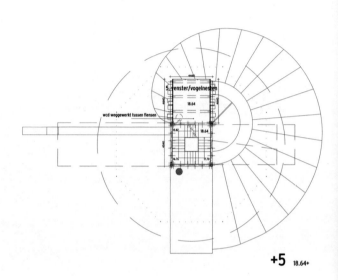

+5 18.64+

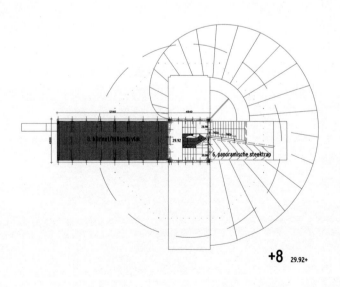

+8 29.92+

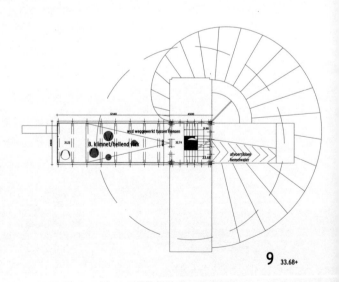

9 33.68+

0   2m   10m

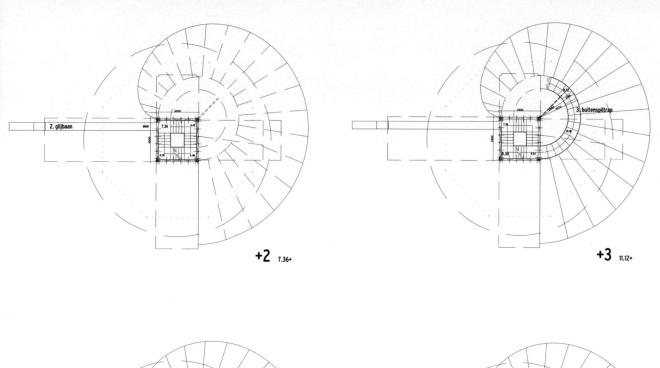

+2 7.36+

3. buitenspiltrap

+3 11.12+

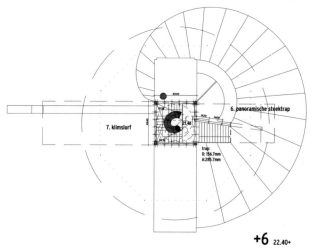

7. klimslurf

6. panoramische steektrap

trap:
O: 156.7mm
A:285.7mm

+6 22.40+

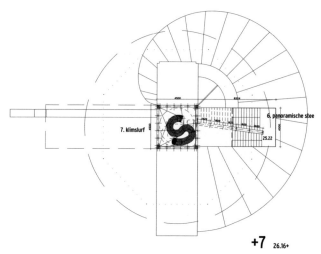

7. klimslurf

6. panoramische stee

+7 26.16+

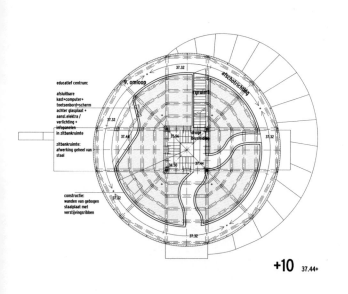

educatief centrum:

afsluitbare
kast+computer+
toetsenbord+scherm
achter glasplaat +
aansl.elektra /
verlichting +
infopanelen
in zitbankruimte

zitbankruimte:
afwerking geheel van
staal

constructie:
wanden van gebogen
staalplaat met
verstijvingsribben

9. omloop

+10 37.44+

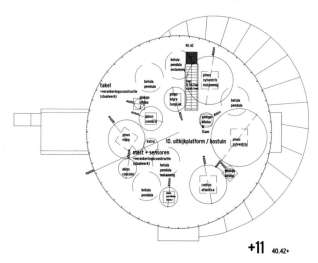

takel
+verankeringsconstructie
(staalwerk)

mast + sensoren
+verankeringsconstructie
(staalwerk)

10. uitkijkplatform / bostuin

+11 40.42+

SeARCH	Hamerstraat 3 NL-1021 JT Amsterdam	T+31 (0)20 788 99 00 F+31 (0)20 788 99 11		getekend gewijzigd
werk	Schovenhorst, Putten, NL	0407	onderwerp	plattegronden toren 310
opdrachtgever fase	Stichting Schovenhorst bestektekeningen			

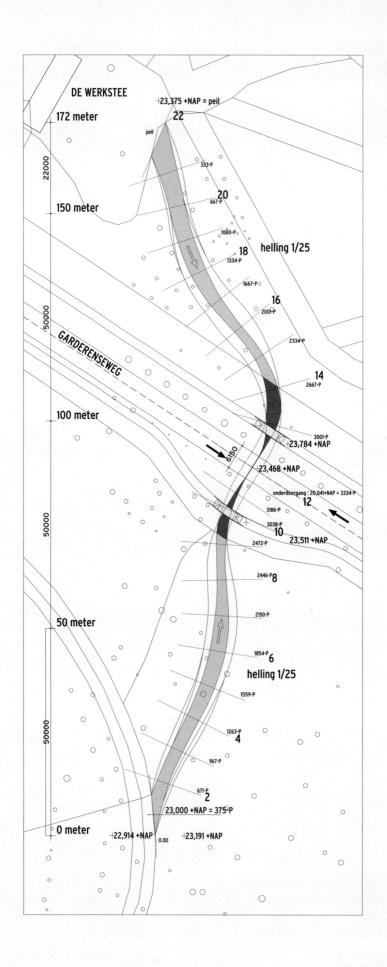

DE WERKSTEE

172 meter

+23,375 +NAP = peil

22

peil

22000

333-P

150 meter

20
667-P

1000-P

helling 1/25

18
1334-P

1667-P

50000

16
2001-P

GARDERENSEWEG

2334-P

100 meter

14
2667-P

3001-P

+23,784 +NAP

6150

+23,468 +NAP

onderdoorgang : 20,041+NAP = 3334-P

12

3186-P

50000

3038-P

10

2472-P

+23,511 +NAP

2446-P 8

2150-P

50 meter

1854-P 6

helling 1/25

1559-P

50000

1263-P

4

967-P

671-P

2

23,000 +NAP 375-P

0 meter

+22,914 +NAP   0.00

+23,191 +NAP

43
140
248

0   5m   25m

SeARCH   Hamerstraat 3   T+31 (0)20 788 99 00   getekend
              NL-1021 JT Amsterdam   F+31 (0)20 788 99 11   gewijzigd

werk   Schovenhorst, Putten, NL   0407   onderwerp   situatie   350
opdrachtgever Stichting Schovenhorst   onderdoorgang
fase   bestektekeningen

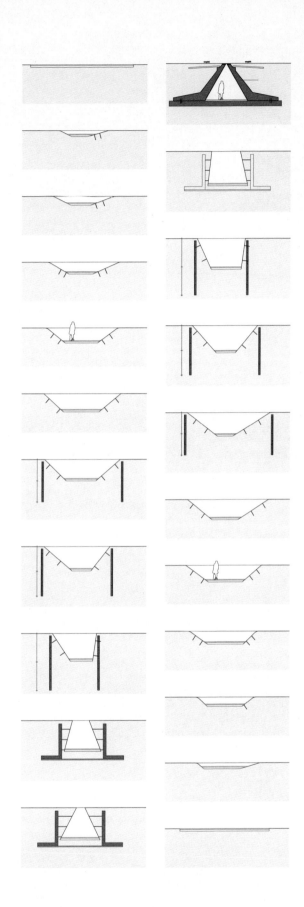

0   2m   10m

SeARCH	Hamerstraat 3 NL-1021 JT Amsterdam	T+31 (0)20 788 99 00 F+31 (0)20 788 99 11	getekend gewijzigd
werk Schovenhorst, Putten, NL.		0407	onderwerp doorsneden onderdoorgang	330
opdrachtgever Stichting Schovenhorst fase bestektekeningen				

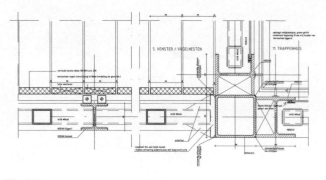

18+19

horizontaal, overgang trappenhuis-venster/vogelnesten

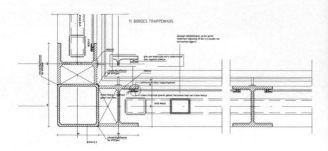

03+04

horizontaal, buitengevel standaard

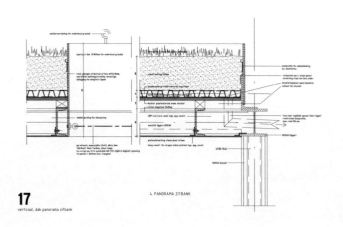

17

verticaal, dak panorama zitbank

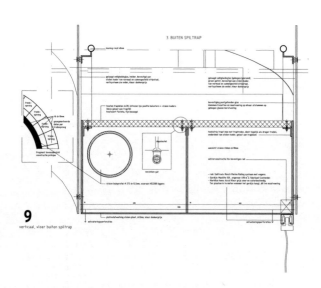

9

verticaal, vloer buiten spiltrap

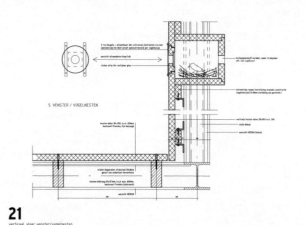

21

verticaal, vloer venster/vogelnesten

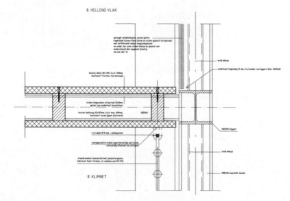

29

verticaal, vloer hellend vlak

SeARCH	Hamerstraat 3 NL-1021 JT Amsterdam	T+31 (0)20 788 99 00 F+31 (0)20 788 99 11		getekend gewijzigd	
werk	Schovenhorst, Putten, NL.	**0407**	onderwerp	details	**350**
opdrachtgever fase	Stichting Schovenhorst bestektekeningen			toren	

0   10cm   50cm

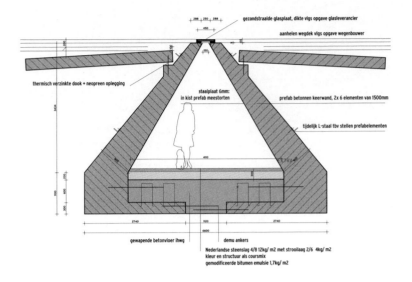

gezandstraalde glasplaat, dikte vlgs opgave glasleverancier

aanhelen wegdek vlgs opgave wegenbouwer

thermisch verzinkte dook + neopreen oplegging

staalplaat 6mm:
in kist prefab meestorten

prefab betonnen keerwand, 2x 6 elementen van 1500mm

tijdelijk L-staal tbv stellen prefabelementen

gewapende betonvloer ihwg

demu ankers

Nederlandse steenslag 4/8 12kg/ m2 met strooilaag 2/6 4kg/ m2
kleur en structuur als coursmix
gemodificeerde bitumen emulsie 1,7kg/ m2

0   50cm   2.5m

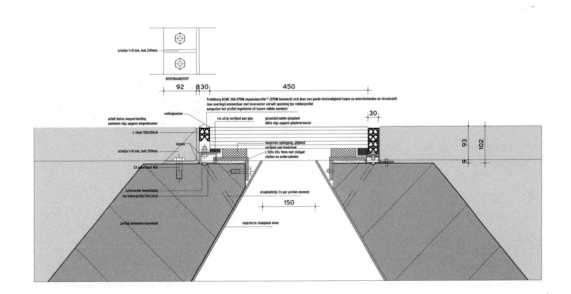

schotje t=8 mm, hoh 200mm

BOVENAANZICHT

92 8 30   450

Trelleborg ACME ZOA EPDM expansieprofiel * (EPDM kenmerkt zich door een goede bestendigheid tegen ov weersinvloeden en strooizout)
(nav overleg/commentaar met leverancier vervalt spanning tpv rubberprofiel
aangezien het profiel ingeklemd zit tussen vlakke wanden)

asfalt beton wegverharding
aanhelen vlgs opgave wegenbouwer

velingkanten

rvs strip verlijmd aan glas

gezandstraalde glasplaat
dikte vlgs opgave glasleverancier

30

L-staal 100x100x8

neopreen oplegging, glijdend
verlijmd aan hoekstaal
L 100x 65x 9mm met slobgat
stellen en onderstelen

schotje t=8 mm, hoh 200mm

lassen

93   102

2X ankerbout M16

9

schuivende bevestiging
rvs kokerprofiel 50x30x4

druipholletje 2x per prefab element

150

prefab betonnen keerwand

ingestorte staalplaat 6mm

0   5cm   25cm

SeARCH   Hamerstraat 3   T+31 (0)20 788 99 00   getekend
          NL-1021 JT Amsterdam   F+31 (0)20 788 99 11   gewijzigd
werk   Schovenhorst, Putten, NL   0407   onderwerp   details   350
opdrachtgever   Stichting Schovenhorst   onderdoorgang
fase   bestektekeningen

Platform 12 kessel-lo

KAREL SCHURMANSSTRAAT

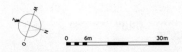

0   6m   30m

ERNEST SOLVAYSTRAAT

MARTELARENLAAN

SeARCH   AR-TE

werk   Kessel-Lo, Leuven, B   0307   onderwerp   situatie

opdrachtgever   CIP   getekend
                                                                        gewijzigd

fase   VO   200

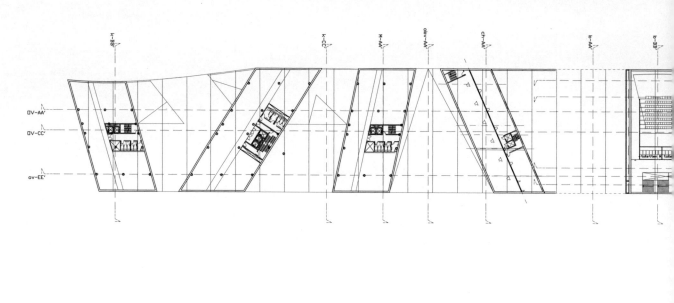

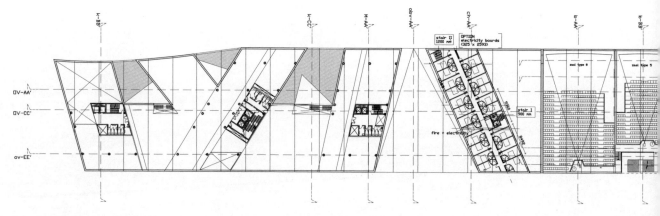

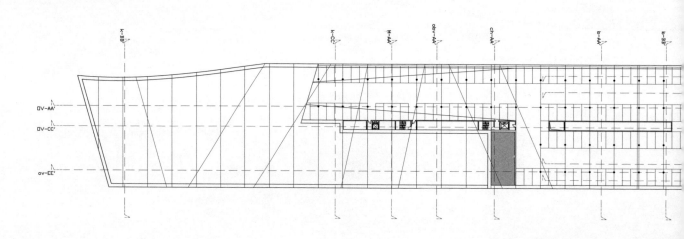

0   6m   30m

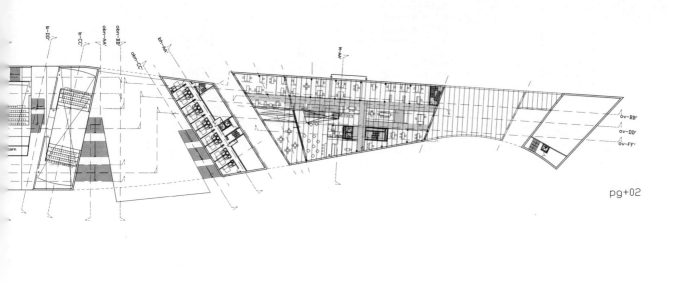

pg+02

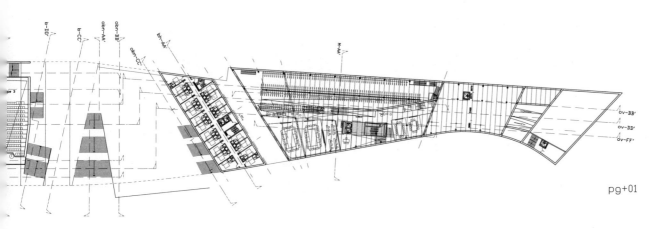

pg+01

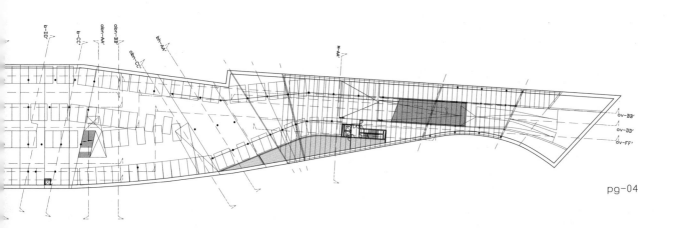

pg-04

SeARCH	AR-TE		getekend gewijzigd
werk	Kessel-Lo, Leuven, B	0307	onderwerp plattegronden	210
opdrachtgever	CIP			
fase	VO			

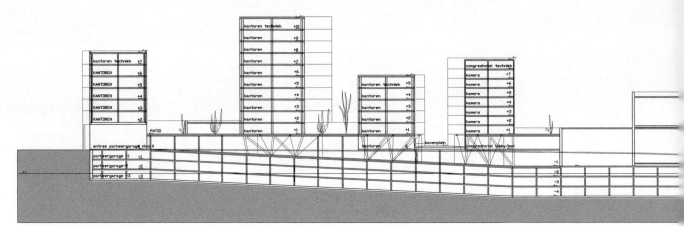

doorsnede ov-AA'

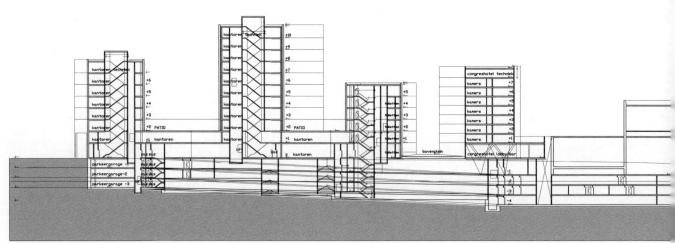

doorsnede ov-CC'

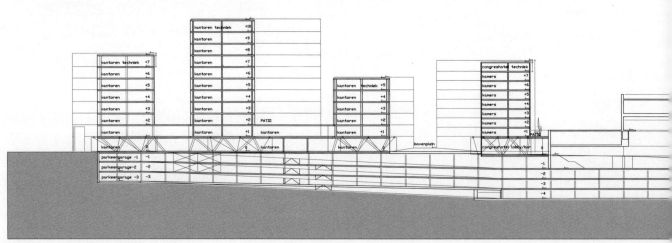

doorsnede ov-EE'

0   6m   30m

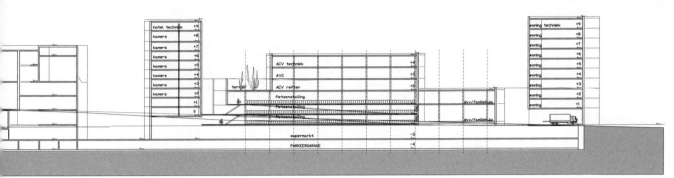

doorsnede ov-BB'

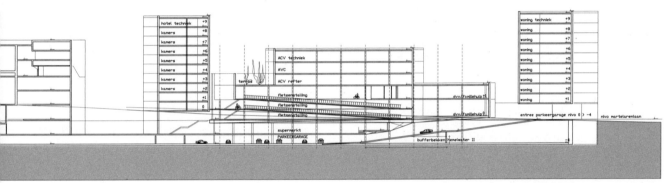

doorsnede ov-DD'

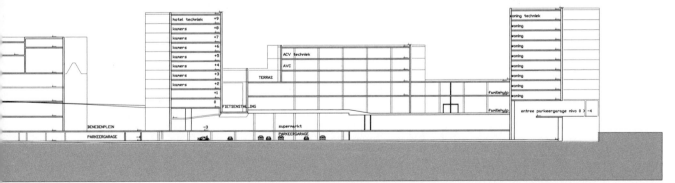

doorsnede ov-FF'

SeARCH	AR-TE		getekend
			gewijzigd
werk	Kessel-Lo, Leuven, B	0307	onderwerp doorsneden
opdrachtgever	CIP		
fase	VO		230

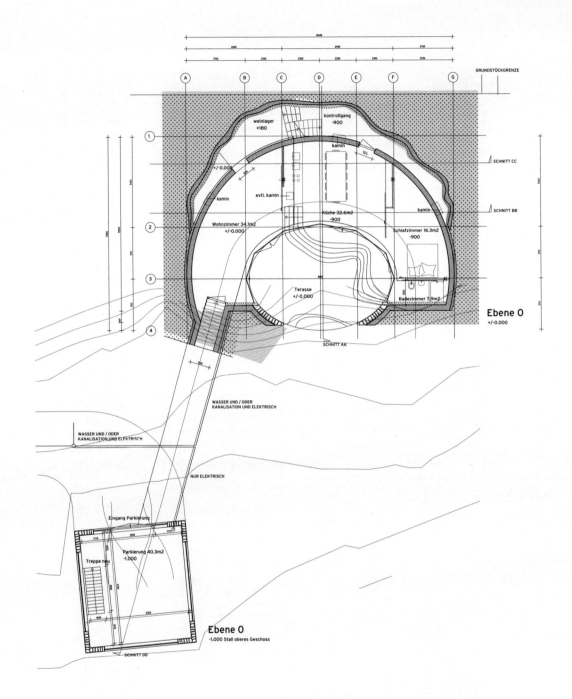

GRUNDSTÜCKGRENZE

A   B   C   D   E   F   G

1

weinlager
+180

kontrollgang
-900

kamin

SCHNITT CC

+/-0.00

kamin

2

kamin

evtl. kamin

Küche 32.6m2
-900

kamin

SCHNITT BB

Wohnzimmer 34.1m2
+/-0.000

3

Schlafzimmer 16.3m2
-900

Terasse
+/-0.000

Badezimmer 7.9m2

4

Ebene 0
+/-0.000

SCHNITT AA

WASSER UND / ODER
KANALISATION UND ELEKTRISCH

WASSER UND / ODER
KANALISATION UND ELEKTRISCH

NUR ELEKTRISCH

Eingang Parkierung

Parkierung 40.3m2
-1.000

Treppe neu

Ebene 0
-1.000 Stall oberes Geschoss

SCHNITT DD

0   1.2m   6m

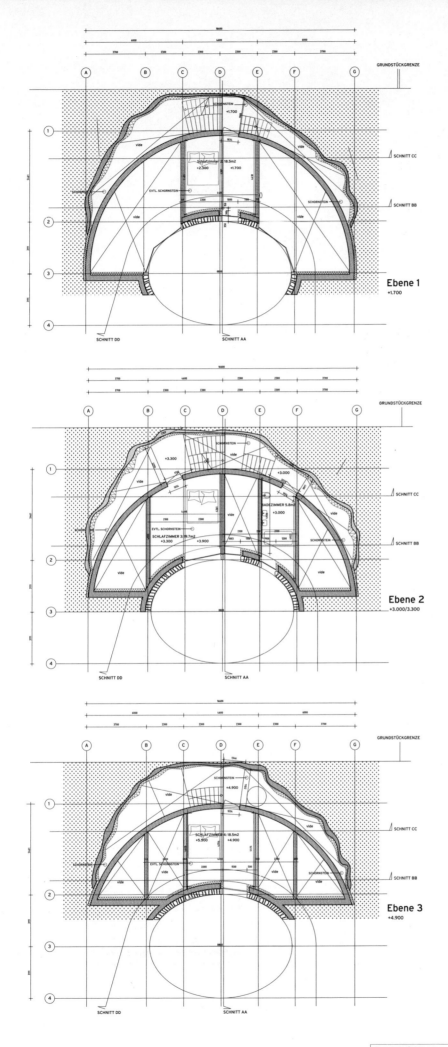

Ebene 1
+1.700

Ebene 2
+3.000/3.300

Ebene 3
+4.900

SeARCH / Christian Müller Architects
werk   Vals, CH
              0507   onderwerp   plattegronden   310
opdrachtgever
fase   bouwaanvraag

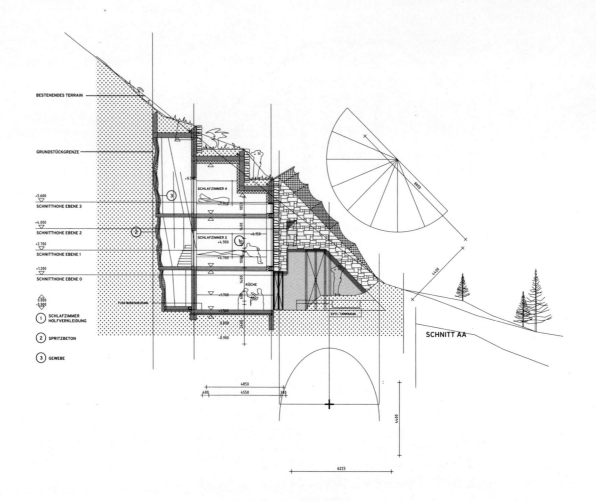

BESTEHENDES TERRAIN

GRUNDSTÜCKGRENZE

SCHLAFZIMMER 4

+5.600
SCHNITTHÖHE EBENE 3

+4.000
SCHNITTHÖHE EBENE 2

SCHLAFZIMMER 2
+4.900

+2.700
SCHNITTHÖHE EBENE 1

+1.200
SCHNITTHÖHE EBENE 0

KÜCHE

0.000
-0.900

(1) SCHLAFZIMMER
HOLZVERKLEIDUNG

(2) SPRITZBETON

(3) GEWEBE

SCHNITT AA

4850
4550
6223

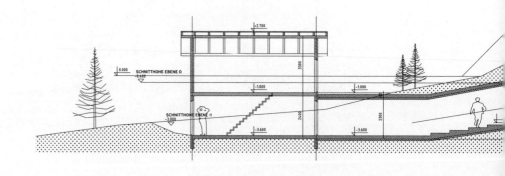

SCHNITTHÖHE EBENE 0
0.000

-1.000

-1.000

SCHNITTHÖHE EBENE -1
-3.000

-3.600

-3.600

+2.700

0   1.2m   6m

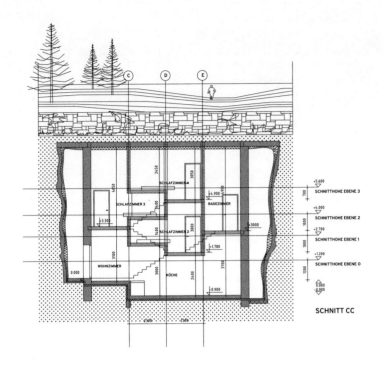

SCHNITT CC

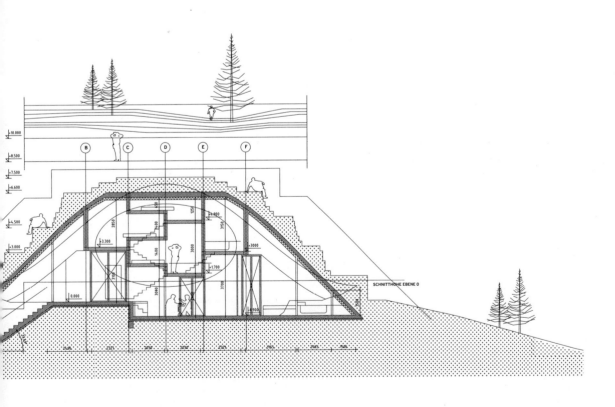

SeARCH / Christian Müller Architects

werk	Vals, CH	**0507**	onderwerp	doorsneden
opdrachtgever				**330**
fase	bouwaanvraag			

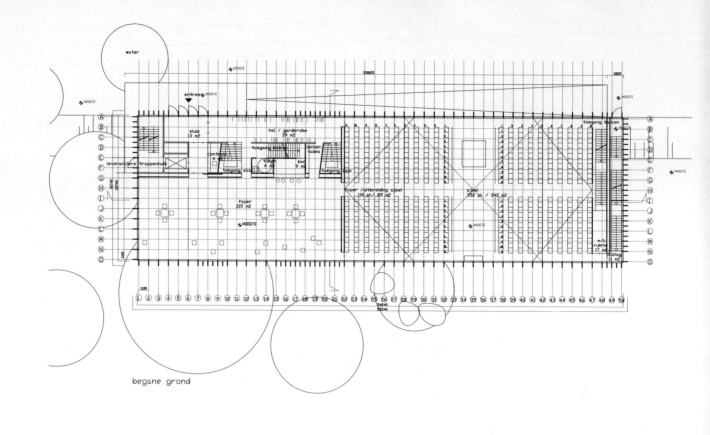

begane grond

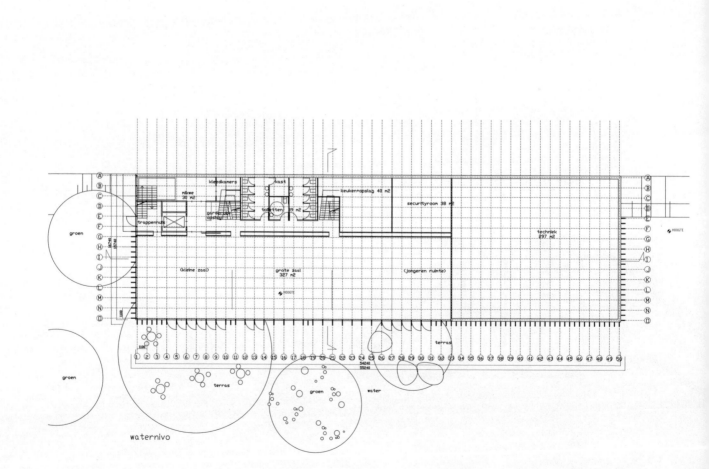

waternivo

0 2m   10m

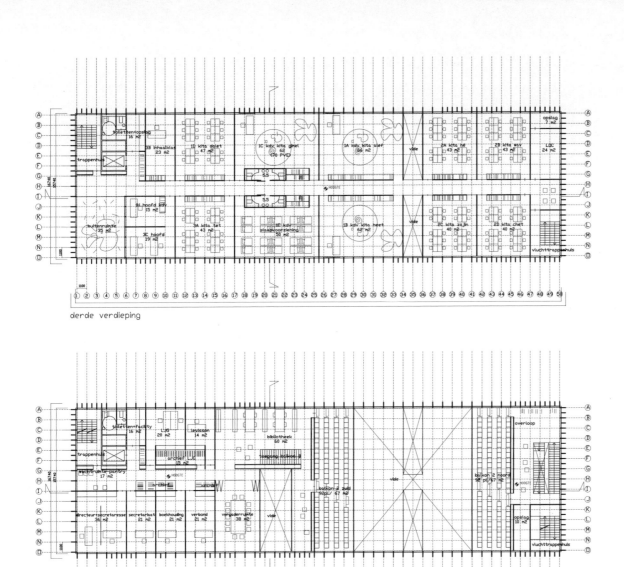

derde verdieping

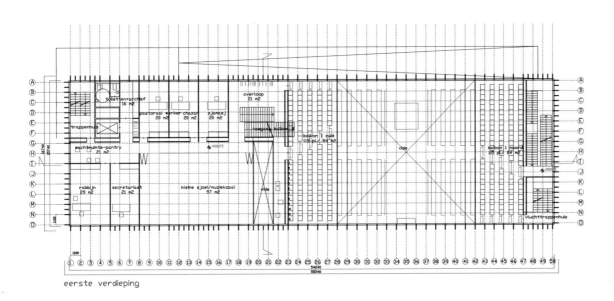

tweede verdieping

eerste verdieping

SeARCH

Hamerstraat 3   T +31 (0)20 788 99 00   getekend
NL-1021 JT Amsterdam   F +31 (0)20 788 99 11   gewijzigd

werk   Synagogue, Amsterdam, NL   0502   onderwerp   plans   210

opdrachtgever   LJG, Amsterdam

fase   VO

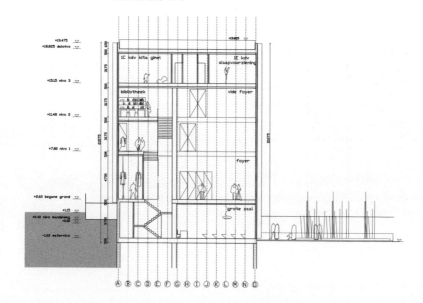

doorsnede A–A'

0   2m   10m

SeARCH   Hamerstraat 3   T +31 (0)20 788 99 00   getekend
         NL-1021 JT Amsterdam F +31 (0)20 788 99 11   gewijzigd
werk   Synagoge, Amsterdam, NL   0502   onderwerp   sections   230
opdrachtgever   LJG, Amsterdam
fase   VO

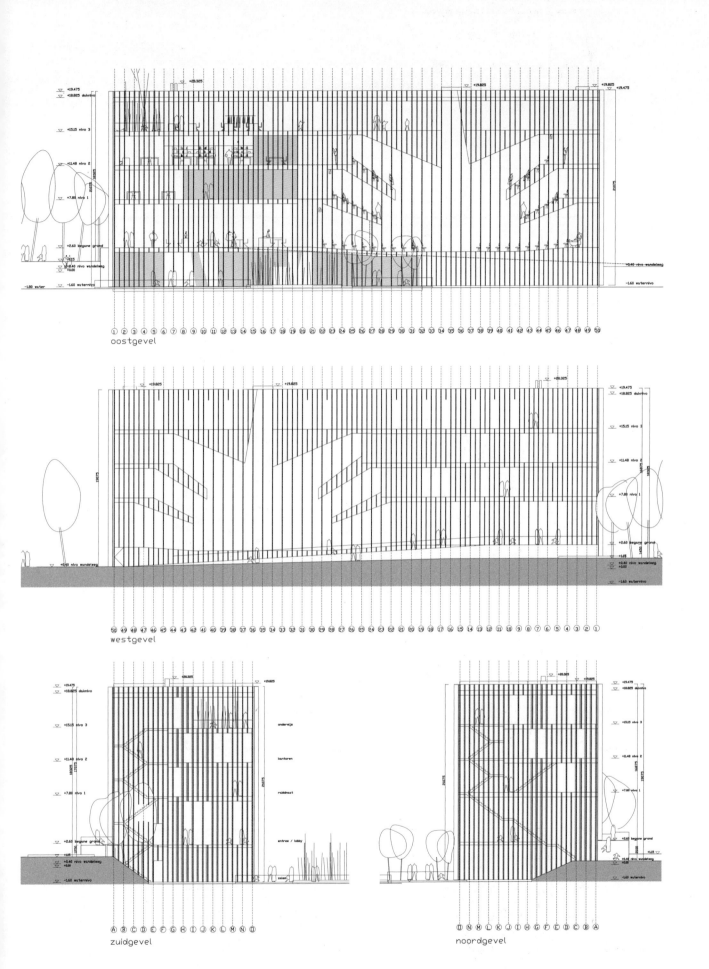

oostgevel

westgevel

zuidgevel

noordgevel

SeARCH	Hamerstraat 3 NL-1021 JT Amsterdam	T +31 (0)20 788 99 00 F +31 (0)20 788 99 11	getekend gewijzigd	
werk	Synagoge, Amsterdam, NL	0502	onderwerp elevations	220
opdrachtgever fase	LJG, Amsterdam VO			

0   2m   10m

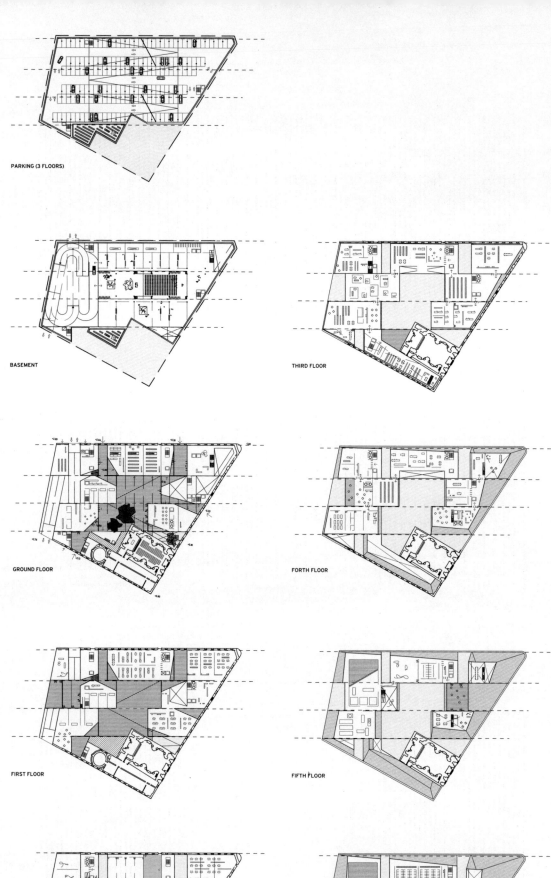

PARKING (3 FLOORS)

BASEMENT

THIRD FLOOR

GROUND FLOOR

FORTH FLOOR

FIRST FLOOR

FIFTH FLOOR

SECOND FLOOR

SIXTH FLOOR

0   12.5m   60m

SeARCH   Hamerstraat 3   T+31 (0)20 788 99 00   getekend
            NL-1021 JT Amsterdam   F+31 (0)20 788 99 11   gewijzigd

werk   COAM, Madrid, E   **0508** onderwerp plans   **010**
opdrachtgever
fase   international design competition, phase 1

CROSS SECTION 1

CROSS SECTION 2

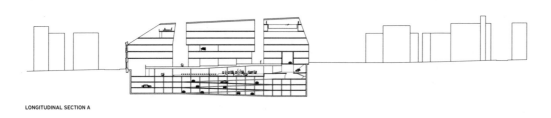

LONGITUDINAL SECTION A

LONGITUDINAL SECTION B

0   12.5m   60m

SeARCH   Hamerstraat 3   T+31 (0)20 788 99 00   getekend
             NL-1021 JT Amsterdam   F+31 (0)20 788 99 11   gewijzigd

werk   COAM, Madrid, E   **0508**   onderwerp   sections   **010**
opdrachtgever
fase   international design competition, phase 1

Credits *Créditos*
Attempts have been made to contact
all relevant parties concerning credits.
Please contact SeARCH should there
be any exceptions. See also photo and
project credits

Cover *Portada* Netherlands embassy
designed by Bjarne Mastenbroek &
Dick van Gameren while working at
de architectengroep

Production *Producción*
Bjarne Mastenbroek, Inge Brouwer,
Mónica Carriço, Yukiko Nezu,
Thomas van Schaick

Text *Texto* Bjarne Mastenbroek
Translations *Traducción*
Karlo Thornbury, Laura Álvarez,
Cecilia Peláez Paladino, Isabel Núñez

Photography *Fotografía*
Christian Richters / Jeroen Musch /
SeARCH

Graphic design *Diseño gráfico*
Remco van Bladel, Marjolein Delhaas
& Miguel Gori (Solar_Initiative)
www.solarinitiative.com

Printing *Impresión* drukkerij
robstolk®, Amsterdam, NL

Paper *Papel* Colorit Hemelsblauw
120 gr/m² (text/texto), Ikono Gloss 160/m²
(image/imaginere), Colorit Zilvergrijs
120 gr/m² (drawing/graphicos), Ikono Gloss
250 gr/m2 (cover/cover)

Distribution *Distribución*
Actar, ES
Roca i Batlle 2, 08023 Barcelona
Tel +34 93 418 77 59
Fax +34 93 418 67 07
www.actar.es

Contact *Contacto*
SeARCH
Hamerstraat 3
1021 JT Amsterdam
T: +31 (0)20 788 99 00
F: +31 (0)20 788 99 11
search@bjarnemastenbroek.nl
www.searcharchitects.nl

Very special thanks to *Agradecimientos especiales a* Monica Ketting, Dick van Gameren, Ad Bogerman, Yago Conde (†) Enric Miralles (†) & Benedetta Tagliabue (EMBT) and Paul Andriesse, Aaron Betsky, Hans Davidson, Pi de Bruijn, Gert Jan Hendriks, Egbert Koster, Peter Kuenzli, Ben Loerakker, Kees Rijnboutt, Jaap van Rijs, Hans Ruijssenaars, Marina de Vries, Mosjé Zwarts and last but not least Eberhard van der Laan
& My dearest clients *& Mis queridos clientes* Joost Koek & Marlies Brinkhuijsen, Arie Guyt, Jos Post, Jop de Klein, Luuk Stranders, Hannelore & Marc Majoor, Jolanda & Henk Zielhuis, Rene Rasink
& SeARCH *& SeARCH* Elke Demyttenaere, David Gianotten, Lada Hršak, Thijs Meijer, Uda Visser, Marianne Vlaming, Erik Workel and Laura Álvarez, Aafke de Bode, Gabriël Boutsema, Inge Brouwer, Mónica Carriço, Ralph Doggen, Naomi Felder, Ton Gilissen, Wilko de Haan, Kathrin Hanf, Geurt Holdijk, Geertje van der Klei, Paul Kuitenbrouwer, Alan Lam, Wesley Lanckriet, Gert Jan Machiels, Yukiko Nezu, Pim van Oppenraaij, Guus Peters, Thomas van Schaick, Alexandra Schmitz, Joop Steenkamp, Marcia Taroenoredjo, Louis Toebosch, Remco Wieringa